高校辅导员核心职业能力
提升研究

凌澄 著

延吉·延边大学出版社

图书在版编目（CIP）数据

高校辅导员核心职业能力提升研究 / 凌澄著.
延吉 ： 延边大学出版社，2024. 10. -- ISBN 978-7-230-07308-0

Ⅰ．G645.1

中国国家版本馆CIP数据核字第2024A50J14号

高校辅导员核心职业能力提升研究
GAOXIAO FUDAOYUAN HEXIN ZHIYE NENGLI TISHENG YANJIU

——

著　　者：凌　澄
责任编辑：梁　杰
封面设计：文合文化
出版发行：延边大学出版社
社　　址：吉林省延吉市公园路977号　　　　邮　　编：133002
网　　址：http://www.ydcbs.com　　　　　 E-mail：ydcbs@ydcbs.com
电　　话：0433-2732435　　　　　　　　　传　　真：0433-2732434
印　　刷：廊坊市广阳区九洲印刷厂
开　　本：710mm×1000mm　1/16
印　　张：12.25
字　　数：220 千字
版　　次：2024 年 10 月 第 1 版
印　　次：2024 年 10 月 第 1 次印刷
书　　号：ISBN 978-7-230-07308-0

——

定价：78.00元

前　言

在高等教育体系中，高校辅导员（以下简称"辅导员"）作为大学生成长成才的重要引导者和陪伴者，其职业能力的水平直接关系到学生培养的质量与效果。随着时代的发展和教育改革的深入，辅导员的角色与职责也在不断变化，社会对辅导员核心职业能力的要求日益提高。因此，系统研究并探讨辅导员核心职业能力的提升路径，不仅具有重要的理论价值，更具有迫切的现实意义。

本书旨在全面梳理辅导员核心职业能力的理论基础，并在此基础上提出具体、可行的辅导员核心职业能力提升策略。全书共分为七章，从理论到实践，从宏观到微观，力求构建一个完整、系统的辅导员核心职业能力提升框架。

第一章"辅导员核心职业能力的理论基础"是全书的基础部分，通过对核心职业能力概念的界定，对辅导员核心职业能力的内容、特征、影响因素以及提升辅导员核心职业能力的必要性的分析，对职业发展理论与辅导员职业成长的探讨，为后续章节提供了坚实的理论支撑。

接下来的第二至六章，分别从思想政治教育能力提升、学生事务管理能力提升、学生职业发展指导能力培养、心理辅导能力提升以及职业素养与人格魅力提升五个方面，详细探讨了辅导员核心职业能力的具体构成与提升策略。每一章节都紧密结合当前辅导员工作的实际，提出了具有针对性和操作性的建议与方法。

第七章"提升辅导员核心职业能力——构建全方位支持与发展体系"则从更宏观的层面出发，探讨了高校可通过建立完善的培训体系与提供资源支持，建立激励机制与明确职业发展通道，营造积极的校园文化氛围，倡导尊重与关爱学生的校园风气，以及激发辅导员自身的积极性等，为辅导员核心职业能力的提升提供有力保障。

　　本书在撰写过程中注重理论与实践相结合，既吸收了国内外关于辅导员职业能力研究的最新成果，又紧密结合了我国高等教育发展的实际情况，力求做到既有理论深度，又有实践指导意义。同时，本书也注重创新性与前瞻性的探索，试图在辅导员核心职业能力提升的路径与方法上提出新的见解与思考。

凌澄
2024 年 9 月

目　　录

第一章 辅导员核心职业能力的理论基础

第一节 核心职业能力概述

一、核心职业能力的定义、特征及作用

核心职业能力，作为个体在职场中取得成功与持续发展的关键要素，其重要性不言而喻。这一概念涵盖了多个维度，包括但不限于专业技能、沟通能力、团队协作能力、问题解决能力、创新能力以及自我管理能力等。

（一）核心职业能力的定义

核心职业能力是指个体在特定职业或工作环境中，为实现职业目标需要具备的关键技能。这些能力不仅关乎个体专业技能的掌握，更涉及个体在职场中进行有效沟通、合作、创新以及自我管理等多方面的综合素养。核心职业能力是个体职场竞争力的核心，是决定个体职业发展与成就的关键因素。

（二）核心职业能力的特征

核心职业能力作为个体在职场中取得卓越成就与持续发展的关键要素，具有一系列鲜明的特征。

1.专业性

核心职业能力首先体现在其专业性上。无论是技术岗位还是管理岗位，个体都需要具备扎实的专业知识和技能，这是职场立足之本。专业性不仅要求个体掌握基本的理论和方法，更需要个体具备将理论知识应用于实际工作的能力。核心职业能力不是单一技能的体现，而是多种能力的综合。它涵盖了沟通能力、团队协作能力、问题解决能力、创新能力以及自我管理能力等多个方面的内容，这些能力相互交织，共同提高个体在职场中的综合竞争力。

2.可迁移性

核心职业能力具有可迁移性，这意味着一旦个体具备了核心职业能力，他们便能在不同的职业领域和工作环境中灵活运用这些能力。

职场环境不断变化，新的技术和知识不断涌现，个体的核心职业能力需要与时俱进，以不断适应职场的新要求。个体需要保持持续学习的态度，不断更新和提升自己的核心职业能力，以适应职场的变化和挑战。

核心职业能力对于个体和组织都具有极高的价值。对于个体而言，具备核心职业能力意味着自身具有更强的职场竞争力、更多的晋升机会和更好的薪酬待遇。对于组织而言，具备核心职业能力的员工是组织发展的宝贵财富，他们能够为组织带来更高的绩效和更强的竞争力。核心职业能力的提高往往依赖于个体的自我驱动。个体只有具备了自我激励、自我管理和自我学习的能力，才能在职场中不断取得新的成就和突破。

（三）核心职业能力的作用

核心职业能力在职场中具有重要作用。首先，核心职业能力是个体职场竞争力的核心，决定了个体在职场中的晋升机会。具备出色核心职业能力的个体更容易获得同事和上级的认可，从而在职场中脱颖而出。其次，核心职业能力是个体职业发展的基石。通过不断提升自己的核心职业能力，个体能够在职场中不断取得新的成就和突破，实现职业生涯的持续发展。最后，核

2

心职业能力对于组织和团队的成功同样至关重要。一个具备出色核心职业能力的团队能够更高效地完成任务、应对挑战，从而实现组织的整体目标。

员工的核心职业能力对于组织的发展至关重要。组织需要注重员工核心职业能力的培养和提升，以组建一支具备强大竞争力的团队。同时，组织也需要关注职场环境的变化，及时调整员工核心职业能力的内容，以满足组织发展的新要求。

核心职业能力对于社会经济的发展也具有重要意义。具备出色核心职业能力的个体能够更好地适应职场的变化，应对职场的挑战，为社会创造更多的价值。同时，他们的创新能力和团队协作能力也能够推动社会的进步和发展。

二、核心职业能力的主要构成与提升

（一）核心职业能力的主要构成

1.专业技能

专业技能是核心职业能力的基础，它涵盖了特定职业所需的专业知识、技术和方法。例如，对于 IT 工程师而言，编程、数据库管理、网络安全管理等是其必备的专业技能；而对于市场营销人员，市场调研、品牌策划等则是其专业技能。专业技能的掌握程度直接影响个体在职场中的表现和竞争力。

2.沟通能力

良好的沟通能力是个体成功的关键。通过有效的沟通，个体能够更好地与同事、上级和客户建立联系，从而促进团队协作和项目的顺利进行。在现代职场中，团队协作已成为不可或缺的一部分。团队协作能力包括团队合作能力、冲突解决能力、领导力以及跨部门合作能力等。一个优秀的团队成员不仅要具备专业技能，还要懂得如何在团队中有效发挥自身作用，并激发团队成员之间的合作精神。

3.问题解决能力

职场中充满了各种挑战和问题，良好的问题解决能力是应对这些挑战和问题的关键。问题解决涉及分析问题、制定解决方案、实施解决方案以及评估结果等多个步骤。问题解决能力强的个体能够在面对复杂问题时保持冷静，迅速找到问题的根源，并提出有效的解决方案。

4.创新能力

创新能力是促进个体成长的重要动力。创新能力强的个体能够不断提出新的观点和方法，为团队带来新的发展机遇。

5.自我管理能力

自我管理能力是个体在职场中持续发展和成长的基础。自我管理包括时间管理、情绪管理、目标设定以及持续学习等多个方面的内容。要想成为一名优秀的职场人士，他需要懂得如何合理规划时间，保持积极的心态，设定并实现职业目标，以及不断学习和提升自己的能力。

（二）核心职业能力的提升

随着职场环境不断变化，新的技术和知识不断涌现。个体需要树立终身学习的理念，通过参加培训、阅读专业书籍、参加行业会议等方式不断更新自己的知识，掌握新的技能。这有助于个体跟上职场的变化，保持核心职业能力的领先地位。

理论知识的学习是重要的，但实践经验的积累同样不可或缺。通过不断的实践锻炼，个体可以更加熟练地掌握和应用核心职业能力。

反馈是个体成长的重要动力。个体需要主动寻求来自同事、上级和客户的反馈，了解自己的优点和不足，从而有针对性地提升自己的专业技能。除专业技能外，软技能的培养同样重要。个体需要注重沟通、问题解决等软技能的提升。这些软技能是核心职业能力的重要组成部分，对于个体的成功同样至关重要。通过培养软技能，个体可以更好地与他人合作、沟通和解决问题，提高工作效率。职场中充满了挑战，保持积极的心态是应对这些挑战的关键。个体需要学会调整自己的情绪和心态，保持对工作的热情和动力。

三、核心职业能力与其他能力的关系

核心职业能力与其他能力的关系是复杂的，它们之间相互依存、相互促进，共同构成了个体在职场中的综合竞争力。

（一）核心职业能力与专业能力

核心职业能力与专业能力是相辅相成的关系。专业能力是个体在某个特定领域或岗位上具有的专门知识和技能，是个体完成工作任务的基础。而核心职业能力则是个体在职场中所需具备的基本素养，它超越了具体岗位和专业的限制，具有更广泛的适用性和迁移性。

专业能力为个体提供了完成特定工作的能力基础，而核心职业能力则帮助个体更好地适应职场环境、与他人协作、解决问题并持续成长。两者相互补充，共同构成了个体在职场中的完整能力体系。具备出色的专业能力有助于个体在职场中获得自信心和成就感，进而激发其提升核心职业能力的动力。同时，核心职业能力的提升也有助于个体更好地理解和应用专业知识，提高工作效率和工作质量。

（二）核心职业能力与通用能力

通用能力是指在不同职业和领域中普遍适用的能力，如沟通能力、团队协作能力、领导力等。核心职业能力与通用能力之间也存在密切的联系。

部分核心职业能力，如与人交流、与人合作等能力也属于通用能力的范畴。这些能力在多个职业和领域中都具有重要的应用价值。通用能力广泛适用于各种职场环境，而核心职业能力则进一步强化了通用能力在职场中的具体表现和应用效果。两者相互支撑，共同提升了个体在职场中的综合竞争力。

（三）核心职业能力与特殊能力

特殊能力是指个体在特定领域或情境中所表现出的独特能力，如艺术创作能力、体育竞技能力等。虽然特殊能力与核心职业能力在适用范围上存在差异，但它们之间也存在一定的联系。

特殊能力主要体现在个体在特定领域或特定情境中的独特表现上，而核心职业能力主要体现在个体的职业基本素养和专业技能上。两者在侧重点和适用范围上存在差异。然而，在某些情况下，特殊能力也可能对核心职业能力的提升产生积极影响。例如，具备出色的艺术创作能力有助于个体创新能力和审美能力的提升，而创新能力和审美能力在职场中具有重要的应用价值。

第二节　辅导员核心职业能力的内容、特征及影响因素

一、辅导员核心职业能力的内容

在高校学生管理工作中，辅导员是不可或缺的力量。他们肩负着多重职责，包括开展学生的思想政治教育、管理学生事务以及指导学生职业发展等。在这一复杂的角色中，辅导员的核心职业能力显得尤为重要。它不仅与辅导

员个人职业发展息息相关，更直接影响到学生教育管理的质量和效果。辅导员核心职业能力主要包括以下几个：

（一）思想政治教育能力

辅导员的首要职责是开展大学生思想政治教育工作。在这一过程中，思想政治教育能力是辅导员核心职业能力的重要组成部分。辅导员需要通过主题班会、形势政策教育、个别谈心等方式，引导学生树立正确的世界观、人生观和价值观，帮助学生解决思想困惑，增强政治认同感和社会责任感。

（二）学生事务管理能力

辅导员需要负责学生日常管理工作，包括班级管理、宿舍管理、活动组织等。学生事务管理能力在这一过程中显得尤为重要。辅导员需要制定科学合理的管理制度，确保学生事务管理工作的有序进行；同时，还需要选拔和培养优秀学生干部，充分发挥他们的纽带作用，共同推动学生事务管理工作的深入开展。

（三）沟通表达能力

沟通表达能力是辅导员必备的基本素质之一。在日常工作中，辅导员需要与学生、家长、校内外相关部门负责人等进行多方面的沟通交流。良好的沟通表达能力有助于辅导员充分了解各方的需求和意见，从而更好地协调解决各种问题和矛盾。

（四）合作协调能力

辅导员的工作涉及多个部门和领域的合作与协调。具备合作协调能力，有助于辅导员更好地整合资源、调动各方积极性，共同推动学生工作的顺利开展。例如，在学生就业指导工作中，辅导员需要与学校就业指导中心、企业等进行合作与协调，为学生提供优质的就业服务。

（五）创新应变能力

随着时代的发展和社会的进步，学生工作的环境和任务要求也在不断变化。辅导员需要具备创新应变能力，以不断适应新的工作环境和任务要求，提出新的工作思路和方法。例如，在心理健康教育工作中，辅导员需要关注学生的心理变化和问题特点，不断创新心理健康教育方式和方法，提高心理健康教育的针对性和实效性。

（六）服务指导能力

辅导员的工作本质是为学生服务。辅导员具备较强的服务指导能力有助于其更好地满足学生的需求，促进学生的全面发展。例如，在学生职业规划指导工作中，辅导员需要为学生提供个性化的职业规划建议和指导服务，帮助学生明确职业目标和发展方向。

二、辅导员核心职业能力的特征

要全面把握辅导员核心职业能力，还需要进一步研究辅导员核心职业能力的特征。辅导员核心职业能力的特征主要有专门性、统领性和不可替代性。

（一）专门性

专门性是辅导员核心职业能力最显著的特征。专门性是针对某一特定领域、范围、对象所特有的属性，辅导员核心职业能力是针对辅导员这一特定的职业范围、职业使命、职业任务的关键能力，因而它具有专门性的特征。

1.职业使命的独特性

辅导员核心职业能力的专门性，体现在辅导员职业使命的独特性上。辅导员核心职业能力是针对其执行首要的辅导员的职业任务而应当具有的职业能力。辅导员的工作内容复杂，要执行的职业任务众多。众多的职业任务并非同等重要，而是存在着轻重缓急之分。辅导员核心职业能力就是其履行辅导员首要职责的职业能力，并不涉及其执行其他次要的、一般的职业任务。换句话说，辅导员核心职业能力只针对辅导员首要职业任务，而不针对辅导员的其他职业任务。因此，从辅导员职业使命的独特性角度来看，辅导员核心职业能力具有专门性的特征。

2.职业目标的针对性

辅导员核心职业能力的专门性，还体现在辅导员职业目标的针对性上。职业能力是针对一定职业的能力，离开了一定的职业方向，就谈不上职业能力的存在。辅导员职业能力是针对辅导员这一职业的能力，而辅导员核心职业能力是在辅导员职业能力范围内的进一步限定，是辅导员为了履行辅导员首要岗位职责而应当具备的职业能力，它被深深烙上了辅导员职业的印记，是与其他职业的核心职业能力有着明显差异的职业能力。

3.与通用职业能力的差异性

辅导员核心职业能力的专门性，还体现在其与辅导员通用职业能力的差异性上。通用职业能力与核心职业能力都是辅导员职业能力的组成部分。但通用职业能力没有独立存在的意义，它只是某一特定职业能力的基础，只有当它融于特定职业时才被赋予真正内涵。而辅导员核心职业能力则不同，它是只适合于辅导员职业的职业能力。只具备辅导员核心职业能力的人去担任高校思想政治理论课的教师、其他专业课程的教师，是不合格的。将辅导员的核心职业能力与通用职业能力进行对比，可以鲜明地体现出辅导员核心职业能力的专门性特征。

（二）统领性

统领性是指辅导员核心职业能力对辅导员其他职业能力有统筹率领的作用。辅导员核心职业能力之所以能成为"核心"，很重要的原因就在于其具有统领性。在辅导员职业能力体系中，通用职业能力、专项发展职业能力和核心职业能力各有分工，所对应的职业任务各有侧重。它们之所以能形成一个整体，就在于辅导员核心职业能力有统领的作用。

辅导员核心职业能力对通用职业能力的统领作用显而易见，因为通用职业能力是需要依托于一定的职业要求才具有实质意义的。正是通过辅导员核心职业能力的引导，通用职业能力才能为辅导员实现职业使命提供支持。专项发展职业能力是辅导员未来职业发展可以拓展和深化的职业能力。从一定程度上来说，每项专项发展职业能力都可以单独发挥作用。但是，辅导员核心职业能力所具有的统领性，使各项专项发展职业能力都服务于辅导员的首要职责。正是因为这一特点，我国辅导员制度才能一直保持它的独特性。

（三）不可替代性

不可替代性体现在辅导员核心职业能力的独特性和极端重要性上。与其他职业的核心职业能力相比，辅导员核心职业能力具有独特性，是不可被替代的。与辅导员其他职业能力相比，辅导员核心职业能力具有重要性，也是不可被替代的。

1.辅导员核心职业能力的独特性使其具有不可替代性

独特性是就辅导员核心职业能力与其他职业的核心职业能力相比较而言的。众所周知，企业也有核心能力。企业核心能力的一个典型特征也是不可替代性，但是企业核心能力的不可替代性与辅导员核心职业能力的不可替代性有着根本差异。

企业的核心能力，是指企业内部经过整合了的知识和技能，尤其是协调各方面资源的知识和技能。企业的核心能力，在技术方面体现为能够协调并整合多项技术和技能，从而开发出具有独特性的系列产品；在组织层面上，则表现为企业在工程、营销、技术等多个部门之间的整体协同合作，共同塑造出独特的企业文化。简言之，企业核心能力就是核心专长，集中体现在企业特有的产品、文化、价值观等方面，是相对于竞争对手而言所具有的独特能力。企业核心能力是企业整合内部资源、知识、技能、文化等，并在实践中不断探索，不断进行有目的、有意识的叠加、整合、筛选、优化而形成的。企业核心能力一旦形成，该企业就有了独有的"产品"，就能在竞争中获得优势，且该核心能力很难被竞争对手复制或模仿。可以看出，企业核心能力是被企业"生产"出来的，是企业为了获得竞争优势而形成的独创性"产品"。所以说，企业核心能力具有不可替代性。

辅导员的核心职业能力是指其在充分履行职业职责、把握工作核心要务的过程中所必备的职业素养和能力。或者说，有了辅导员职业，就产生了辅导员核心职业能力的要求。辅导员核心职业能力是由辅导员职业直接决定的，不是由辅导员"创生"出来的。

总之，辅导员核心职业能力是辅导员职业所要求的职业能力，是与其他职业的核心能力不同的职业能力，它彰显了辅导员职业的独特性，也使辅导员核心职业能力具有了独特性和不可替代性。

2.辅导员核心职业能力的重要性使其具有不可替代性

重要性是就辅导员核心职业能力与辅导员其他职业能力相比较而言的。辅导员核心职业能力在辅导员职业能力体系中所具有的核心地位，决定了它对完成辅导员职业使命具有较大的贡献。在辅导员职业能力体系中，辅导员专业职业能力是辅导员职业区别于其他职业在职业能力上的要求。辅导员专业职业能力又包括辅导员核心职业能力和专项发展职业能力。

专项发展职业能力是辅导员结合自身职业生涯发展规划，有意识、有目的地拓展自己的职业能力，使自己在辅导员工作的某一特殊领域有比较专业化的发展。如果某辅导员不具备专项发展职业能力，并不会妨碍其职责的履行，至多只是使其在某一专项辅导工作上不够深入。与之不同的是，辅导员核心职业能力却是不可或缺的。一旦辅导员不具备辅导员核心职业能力，则该辅导员就不具备从事辅导员工作的任职资格，就不能担负起辅导员的职责。因此，相较于辅导员专项发展职业能力，辅导员核心职业能力对辅导员完成辅导员职业使命有更大的贡献。

另外，辅导员核心职业能力也是辅导员职业区别于其他职业的重要标识，辅导员核心职业能力更能表现出辅导员职业的专业性特点。因为辅导员核心职业能力是辅导员为了履行首要的职责所必须具备的职业能力，而专项发展职业能力却只能辅助辅导员完成职业使命中的某些具体任务，不能成为区别辅导员职业与其他职业的标识。因此，辅导员核心职业能力与专项发展职业能力在区别辅导员职业与其他职业方面的贡献率也完全不同。辅导员核心职业能力既能体现出辅导员职业的专业性，也能彰显辅导员职业与其他职业的差别。相对于其他辅导员职业能力，尤其是相对于专项发展职业能力，辅导员核心职业能力的重要性使其具有了不可替代性。

三、辅导员核心职业能力的影响因素

（一）政策因素

我国历来重视辅导员队伍建设，党和政府出台了若干支持辅导员队伍建设的政策和保障措施。例如，《关于加快构建高校思想政治工作体系的意见》提出："完善高校专职辅导员职业发展体系，建立职级、职称'双线'晋升办法，学校应当结合实际情况为专职辅导员专设一定比例的正高级专业技术岗位。参照校内管理岗位比例，依据国家有关规定，建立完善高校专职辅导员管理岗位（职员等级）晋升制度。对长期从事辅导员工作、表现优秀的，按照国家有关规定给予奖励。各高校要切实履行辅导员选聘工作的主体责任，按照专兼结合、以专为主的原则加强辅导员选配工作。各地有关部门要积极支持并督导各高校严格落实专职辅导员人事管理政策，按规定签订聘用合同，不得用劳务派遣、人事代理等方式聘用辅导员。鼓励选聘各级党政机关、科研院所、军队、企事业单位党员领导干部、专家学者等担任校外辅导员。完善兼职辅导员和校外辅导员培训、管理、考核制度。持续提升思想政治工作和党务工作队伍素质能力和专业水平，实施思想政治工作中青年骨干队伍建设项目，组织开展国家示范培训、海内外访学研修、在职攻读硕士博士学位等专项计划。各地要因地制宜设置思政课教师和辅导员岗位津贴，纳入绩效工资管理，相应核增学校绩效工资总量。"这些政策在基层的落实程度对辅导员核心职业能力的发展有着直接的影响。然而，由于部分政策可操作性不强、学校资源条件各异等，辅导员相关政策在具体实施过程中遇到了一系列问题。

为了了解相关政策落实程度，笔者开展了一系列调查。其中，很多辅导员认为部分政策并未得到充分执行，并表示十分渴望辅导员待遇相关政策的真正落实。与此同时，当他们面临学校的绩效考核时，许多考核要求对他们这类群体来说十分刚性。这就形成了政策执行时的"软约束"和绩效考评时的"硬约束"之间的矛盾。在调查中，有相关管理人员表示，近些年有关辅导员的问题集中在以下几个方面：第一就是辅导员发展问题，这个包括待遇发展和职业发展。待遇是目前大家首先考虑的一个问题，待遇应该与其繁重的工作和较大的压力相匹配。职业发展包括晋升通道、职称评定等。第二就是整个队伍的稳定性问题。辅导员流动性越来越大，队伍很不稳定。第三就是工作压力日益增大的问题。辅导员的工作负担越来越沉重，而其压力又缺乏有效的释放途径。造成这些问题的主要原因在于辅导员承担的无限责任以及相关评价机制的不完善。

（二）学校因素

学校是辅导员队伍建设的关键因素，辅导员的招聘、培训、考核、评价、激励和发展等各环节都是学校完成的。学校的制度对辅导员有着显著的引导作用，能够在制度环境、人文环境以及发展环境等多个方面，为辅导员的职业发展提供坚实的制度支撑、营造有利的环境氛围以及搭建广阔的发展平台。目前，辅导员队伍建设面临队伍稳定性不足、个体发展空间受限、职业认同感和自我效能感偏低等一系列问题。针对这些问题，学校层面需要积极寻求解决方案，以突破辅导员发展的瓶颈，并为辅导员的职业化、专业化、专家化发展搭建更加优越的平台。

（三）学院因素

通常，高校会实行辅导员校、院两级管理，学校负责辅导员的统筹管理工作，二级学院承担辅导员的具体管理工作。二级学院作为辅导员实际工作的场所，需要构建和谐高效的辅导员工作环境，如辅导员分工科学，工作量大致相当；同事关系、上下级关系融洽；工作环境公平公正，辅导员评价以工作业绩为导向；等等。二级学院需要构建有效的沟通机制，以确保团队沟通交流顺畅，团队合作氛围浓厚。二级学院需要构建良好的学习成长机制，通过入职指导、工作例会、案例研讨、经验交流、外出学习等方式提高辅导员的工作能力。

从总体上来看，学院是辅导员工作的基层单位，辅导员工作主要以学院为主，因此，学院会对辅导员职业认同感的形成和职业能力的发展产生较大影响。在调查中，笔者发现不同管理风格、人事结构、凝聚力的二级学院中的辅导员，其认同感和职业能力有着一定的差异。在调查中，有辅导员表示，学院对辅导员的影响主要体现在以下几个方面：首先，学院领导对辅导员身份的认同。如果学院领导不支持或不认同辅导员队伍，那么辅导员自身很难形成对这一身份和地位的强烈认同感。其次，学院学生对辅导员的认同。在很多学校和学院中，辅导员往往被视作处理学生日常事务的角色，导致不少学生认为辅导员并非真正的教师，而更像是服务人员。学生在遇到琐碎的问题时会找辅导员，但在面对复杂问题时，却很少寻求辅导员的帮助。

（四）个体因素

从相关调查中可以看出，对辅导员核心职业能力影响最大的不是学校层面，也不是二级学院层面，而是辅导员自身。在学校层面和学院层面无法有效提升辅导员核心职业能力的现实情况下，辅导员个体需要通过自身努力，提升个体职业竞争力。通过学习管理学、心理学、教育学、职业生涯规划、就业指导等方面的知识，参与思想政治教育或学生工作方面的课题研究，积极参与各类职业培训，辅导员可有效提升自身的网络应用技能、理论研究能力等。

在调查中，有辅导员就提及了自身学习与单位培训对核心职业能力发展的重要性。他们说道："辅导员面临的主要问题是其对自己的职业生涯规划并不是很清晰。由于琐碎的事务性工作占据了辅导员大量的时间，辅导员并没有从琐碎性事务当中找到自己的职业发展路径和方向，容易产生职业倦怠，进而提出转岗或离职的要求。辅导员队伍的流动性比较大，导致了辅导员岗位每年都是由一些新入职的教师来担任。许多教师的专业背景与辅导员岗位并不匹配，这使得他们的专业技能在辅导员工作中难以得到有效应用，因此他们对这一岗位的认同度不高，往往仅将其视为一份职业而已。"

此外，在调查中，很多调查对象谈及了辅导员性格因素对岗位匹配度存在较大影响。例如，某辅导员性格内向，不善言辞，缺乏良好的沟通与协调能力。在与学生、家长以及学校其他部门的沟通中，其常常感到力不从心，难以有效地传达信息和解决问题。这导致该辅导员在处理学生问题时常常陷入被动局面，难以取得理想的处理效果。另一名辅导员性格外向、善于交际，能够与学生、家长以及学校各部门建立良好的沟通关系。他凭借出色的沟通与协调能力，成功地解决了许多棘手的学生问题。

第三节　提升辅导员
核心职业能力的必要性

一、提升辅导员核心职业能力可以提升辅导员工作效率

辅导员作为高校教育体系中的关键角色，承担着学生思想教育、心理疏导等多重职责。辅导员的工作效率不仅关乎个人职业发展，更直接影响到学生的全面发展和高校教育质量的提升。因此，提升辅导员的核心职业能力，进而提高其工作效率，是当前高校教育管理工作的重要议题。

良好的沟通能力是辅导员与学生、同事、领导之间建立有效联系的基础。通过清晰、准确的沟通，辅导员可以更快地了解学生的需求，传达学校政策，协调各方资源，从而提高工作效率。辅导员需要经常组织各种活动，如班会、讲座、社会实践等。具备较强的组织协调能力意味着辅导员能够更有效地规划、执行和监控这些活动，确保在有限的时间内顺利完成工作，从而提升工作效率。

面对校园内的突发事件或学生个体的紧急情况，辅导员需要迅速做出反应，妥善处理。强大的危机处理能力使辅导员能够在压力下保持冷静，迅速制定并执行解决方案，从而有效减少校园突发事件或学生紧急情况对工作进度的影响。

辅导员经常需要为学生提供心理咨询和支持。辅导员具备专业的心理辅导能力意味着其能够更准确地识别学生的心理问题，提供有效的帮助，从而减轻学生的困扰，使学生更专注于学业和个人发展，这也间接提高了辅导员的整体工作效率。

二、提升辅导员核心职业能力能更好地满足学生成长成才的需要

辅导员作为高校教育体系中的中坚力量，其核心职业能力不仅关乎个人职业发展，更直接影响到学生的全面发展和成长成才。在高等教育的多元化和个性化发展趋势下，辅导员的核心职业能力显得尤为重要，它是满足学生多样化需求、促进学生全面发展的重要保障。

在高等教育阶段，学生面临着学业压力、职业规划、人际关系、心理调适等多方面的挑战。他们渴望得到全面的指导和支持，以实现个人的成长和成才。

学生需要辅导员提供学习方法的指导，帮助他们规划学业，解决学习中的困惑。学生希望辅导员能够帮助他们了解自己的兴趣、优势和职业发展方向，提供职业规划的建议和指导。面对学业和生活的压力，学生需要辅导员提供心理调适的方法，帮助他们保持积极的心态。学生渴望学会如何处理复杂的人际关系，包括师生关系、同学关系等。学生希望辅导员能够关注他们的全面发展，包括社会实践、创新能力、领导力等方面的培养。

辅导员凭借良好的沟通能力，能够深入洞察学生的需求和困惑。这种深入的了解正是辅导员为学生提供针对性指导和有效支持的重要前提。例如，通过日常的沟通交流，辅导员可以及时发现学生在学习、生活中存在的问题，并给予及时的帮助。辅导员的组织协调能力对于开展各种学生活动至关重要。

通过组织班会、讲座、社会实践等活动，辅导员可以为学生提供更多的学习和成长机会，帮助他们拓宽视野，提高综合素质。

辅导员的心理辅导能力对于帮助学生解决心理问题、保持积极心态具有重要作用。通过提供心理咨询和支持，辅导员可以帮助学生更好地应对学业和生活的压力。辅导员的学生职业规划指导能力对于帮助学生明确职业目标、制定职业发展规划具有重要作用。通过提供职业规划指导和建议，辅导员可以帮助学生更好地了解自己的兴趣、优势和职业发展方向，为他们的未来职业发展打下坚实的基础。

三、提升辅导员核心职业能力可以推动高校教育发展

提升辅导员核心职业能力，无疑能够为高校教育的蓬勃发展注入强劲动力。辅导员不仅是学生日常学习、生活的指导者，更是他们心灵成长的引路人。辅导员核心职业能力的提升不仅有助于辅导员更加精准地把握学生需求，提供更具针对性的帮助与支持，还能激发他们的创新精神，使其探索出更多符合时代要求和学生特点的教育管理模式；同时，也能促进高校教育资源的优化配置，从而形成更加高效、和谐的教育生态。

更重要的是，辅导员作为高校教育的重要组成部分，他们的成长与进步将直接反映在高校教育的整体质量上。因此，提升辅导员核心职业能力，不仅是对辅导员个人发展的重视，更是对高校教育未来发展的深远布局。只有这样，高校才能培养出更多德才兼备、适应时代需求的高素质人才，为社会的持续进步贡献源源不断的力量。

四、提升辅导员核心职业能力有助于辅导员适应社会发展

在当今社会快速发展的背景下，高等教育作为培养未来社会栋梁的重要一环，面临着前所未有的挑战与机遇。辅导员作为高校中与学生关系最为密切的教育工作者，其核心职业能力的提升不仅关乎个人的职业发展，更是其适应社会发展、引领高等教育改革与创新的重要驱动力。

随着社会的快速发展和高等教育的不断改革，辅导员面临着越来越多的新挑战和新要求。一方面，社会对人才的需求日益多样化，这要求辅导员在培养学生的过程中更加注重学生的个性化发展和综合素质的提升；另一方面，随着信息技术的飞速发展和互联网的普及，辅导员需要了解更多的现代科技知识，以便更好地与学生进行沟通和交流。

具体来说，社会发展对辅导员核心职业能力的新要求主要体现在以下几个方面：辅导员需要与学生、家长、教师等多方进行有效的沟通，了解他们的需求和期望，以便更好地开展工作。面对日益复杂的学生工作和活动，辅导员需要具备更强的组织协调能力，确保各项工作顺利进行。随着社会的发展和高校环境的变化，学生面临的危机和挑战也日益增多，辅导员需要具备更强的危机处理能力，以便及时有效地应对各种突发事件。随着社会竞争的加剧和学业压力的增大，学生心理健康问题日益突出，辅导员需要具备更强的心理辅导能力，帮助学生解决心理问题。随着社会对人才需求的变化和职业发展路径的多样化，辅导员需要具备更加全面的学生职业规划指导能力，以便帮助学生确立明确的职业目标，并制订切实可行的职业发展计划。

辅导员需要不断学习沟通技巧，提高与学生、家长、教师等多方沟通的能力。通过有效的沟通，辅导员可以更好地了解学生的需求和期望，为制订更加科学合理的学生工作计划提供依据。面对日益复杂的学生工作和活动，

辅导员需要不断锻炼自己的组织协调能力。通过合理的规划和安排，辅导员可以确保各项学生工作的顺利进行，为学生提供一个更加和谐的校园环境。

辅导员需要时刻保持警惕，关注校园内外的各种安全隐患和危机事件。通过制订应急预案、开展危机演练等方式，辅导员可以提高自己的危机处理能力，确保在突发事件发生时能够迅速、有效地应对。辅导员需要不断学习心理学知识，提高自己的心理辅导能力。通过关注学生的心理健康状况、提供心理咨询和支持等方式，辅导员可以帮助学生解决心理问题、缓解学业和生活的压力。

辅导员需要了解社会对人才的需求，不断提高自己的学生职业规划指导能力。通过向学生提供职业规划指导和建议、帮助学生制订职业发展计划等方式，辅导员可以帮助学生更好地了解自己的职业兴趣和优势，为学生未来的职业发展打下坚实的基础。

第四节　职业发展理论
与辅导员职业成长

一、职业发展理论

职业发展理论作为职业指导工作的重要基石，深刻探讨了人的职业心理及职业行为成熟化的复杂过程。这一理论不仅为人们理解个体如何在职场中成长与演变提供了理论框架，也为教育者和职业顾问提供了指导个体职业规划的有效工具。

（一）职业发展理论的起源与背景

职业发展理论起源于 20 世纪中叶。当时，在西方国家，尤其是美国，随着工业化进程的加快和社会结构的深刻变化，人们对职业选择、职业发展与个人成长之间的关系日益关注。在此背景下，一批学者开始从心理学、社会学、经济学等多学科视角出发，探索职业发展的规律与特点，逐步形成了职业发展理论的基本框架。

（二）职业发展理论的内涵与主要观点

1.职业发展理论的内涵

职业发展理论，又称职业生涯发展理论，是一种以职业发展观为核心的管理学理论。它强调职业发展是一个连续、动态且长期的过程，涉及个体职业兴趣、能力、价值观及职业选择等多个方面的内容。职业发展理论的主要内容包括需求层次理论、职业生涯发展阶段理论等，这些理论为人们理解个体职业成长规律、制定职业发展策略提供了重要的理论基础。

2.职业发展理论的主要观点

职业发展理论的核心观点为：职业发展是一个长期、连续且动态的过程。在这一过程中，个体的职业意向、职业选择心理、职业能力与职业行为等各个方面都会发生显著变化。职业发展理论强调，职业选择并非个体孤立的行为，而是个体主观职业意向与职业岗位客观情况之间不断调适的结果。

（三）职业发展理论的代表人物及其理论贡献

职业发展理论将职业发展过程划分为若干连续且相互关联的阶段。不同的学者对此有不同的划分方法，但最具代表性的当属金斯伯格（E. Ginzberg）和舒伯（D. E. Super）的理论。

作为职业发展理论的奠基人之一，金斯伯格从心理学角度出发，深入研究了青少年职业选择的心理过程。他提出的幻想、尝试和现实三阶段模型，为人们理解个体职业发展早期阶段的心理机制提供了重要视角。

舒伯在继承金斯伯格理论的基础上，进一步扩展了职业发展理论的边界。他提出的成长、探索、建立、维持和衰退五阶段模型，更加全面地描绘了个体职业发展的全貌。舒伯认为每个阶段都有其独特的任务，如成长阶段主要关注自我认知的形成，探索阶段则侧重职业信息的收集和职业体验的积累，建立阶段则是个体明确职业方向并为之努力的关键时期。他还强调个体自我概念的发展与完善对其职业发展的影响，为职业发展理论注入了新的活力。

（四）职业发展理论的实践应用

职业发展理论在教育、咨询、人力资源管理等多个领域具有广泛的应用价值。在教育领域，职业发展理论能够为教师提供有力支持，帮助他们指导学生规划职业生涯，并培养学生的职业意识和提升学生的职业能力；在咨询领域，职业发展理论为职业顾问提供了科学的咨询方法和工具，帮助他们更有效地指导客户解决职业困惑；在人力资源管理领域，职业发展理论则为企业制定员工职业发展规划、提升员工满意度和忠诚度提供了重要参考。

二、辅导员职业成长阶段分析

辅导员作为高等教育体系中不可或缺的一部分，承担着学生思想教育、心理疏导、职业规划及日常事务管理等多重职责。他们的职业成长不仅关乎个人职业发展，更直接影响到学生的成长成才及高校教育质量的提升。

（一）职业适应期：探索与融入

职业适应期是辅导员职业生涯的起点，通常发生在其入职后的 1～3 年内。在这一阶段，辅导员需要快速适应新的工作环境，了解岗位职责，掌握工作技能，建立与学生、同事及上级的良好关系。他们往往面临着角色转换、工作压力大、经验不足等多重挑战。

在这一阶段，辅导员应深入学习教育部关于辅导员工作的各项规定，全面了解岗位职责和工作要求；同时，积极参加岗前培训、工作坊和研讨会，不断提升自己的专业素养；通过积极参与学校、学院组织的各项活动，与同事建立良好的合作关系，共同解决工作中的问题；主动与学生交流，了解他们的需求和困惑，为日后的工作打下坚实的基础；面对工作中的困难和挑战，应勇于向经验丰富的同事或上级寻求帮助和支持，不断积累经验，提高解决问题的能力。

（二）职业成长期：实践与提升

经过职业适应期的探索与融入，辅导员逐渐进入职业成长期。这一阶段通常出现在辅导员入职后的 4～8 年间，是辅导员职业发展的关键时期。在这一阶段，辅导员已经能够熟练掌握基本工作技能，开始承担更多的职责和任务。同时，他们也面临着职业倦怠、工作重复性高等问题。

在这一阶段，为了尽快成长，辅导员应努力做到以下几点：结合个人兴趣和专业背景，明确自己的职业发展方向和目标；制定合理的职业发展规划，并为之努力奋斗；通过参与学生活动、组织专题讲座、开展心理辅导等方式，不断积累自己的实践经验；同时，注重总结和反思工作中的得失，不断提升自己的工作效率；积极参加专业培训、学术研究等活动，不断提升自己的专业素养和综合能力；特别是要注重提升自己的心理辅导能力、危机干预能力和学生职业规划指导能力，以更好地满足学生的需求。

（三）职业拓展期：宣讲与研究

职业拓展期是辅导员职业生涯中的一个重要转折时期。在这一阶段，辅导员已经积累了丰富的实践经验和专业知识，开始寻求更高层次的发展。他们可能通过参与学术交流、发表研究成果等方式提高自己的学术影响力；也可能通过担任领导职务、指导年轻辅导员等方式拓展自己的职业领域。

在这一阶段，辅导员要做到以下几点：结合工作实践中的问题和挑战，积极开展学术研究；通过撰写论文、参与课题等方式提升自己的学术水平，为高校思想政治工作贡献智慧和力量；通过参与学术交流、行业会议等活动，拓宽自己的视野；与同行建立广泛的联系，共同推动辅导员队伍的专业化、职业化建设；通过担任领导职务、指导年轻辅导员等方式发挥自己的引领作用，将自己的经验传授给下一代辅导员，为他们的成长成才贡献力量。

（四）职业成熟期：创新与突破

职业成熟期是辅导员职业生涯的高峰期，也是他们实现自我超越和创新突破的关键时期。在这一阶段，辅导员已经具备了深厚的专业素养和丰富的实践经验，能够独当一面。他们可以通过创新工作方法、优化工作流程等方式提升工作效率和工作质量；也可以通过提出新的教育理念、推动教育改革等方式为高校思想政治工作注入新的活力。

在这一阶段，辅导员要做到以下几点：保持对新知识、新技能的学习热情，不断探索新的工作方法和思路；通过创新实践推动工作不断向前发展，为高校各项工作贡献更多的智慧和力量；更加注重对自己职业生涯的反思和总结，回顾自己的成长历程和工作过程，发现自己的不足和需要改进的地方，为未来的职业发展制定更加合理的规划和目标；应发挥示范作用，通过自己的言行举止和工作表现影响和带动周围的同事和学生共同进步和发展。

三、职业发展理论对辅导员职业成长的指导意义

职业发展理论作为一种系统研究个体职业心理与职业行为成熟过程的理论，对辅导员的职业成长具有重要的指导意义。

职业发展理论强调个体应根据自己的兴趣、能力和价值观来选择合适的职业方向。对于辅导员而言，明确自己的职业定位和发展方向是其职业成长的第一步。辅导员需要深入反思自己的职业兴趣、专业背景及个人能力，结合高校对辅导员工作的要求和期望，制定合理的职业发展规划。通过明确职业定位和发展方向，辅导员可以更加有针对性地提升自己的专业素养和综合能力，为未来的职业发展奠定坚实基础。

职业发展理论认为，职业动力是推动个体职业成长的重要因素。辅导员在职业成长过程中，需要不断激发自己的职业动力。通过激发职业动力，辅导员可以更加积极地投入到工作中去，不断提升自己的工作效率和工作质量。

职业发展理论为辅导员提供了清晰的职业成长路径与策略。根据职业生涯发展阶段理论，辅导员的职业成长可以分为不同的阶段，每个阶段都有其独特的任务。辅导员可以根据自己的实际情况和发展需求，选择合适的职业成长路径与策略。例如，在职业适应期，辅导员需要快速适应新的工作环境；在职业成长期，辅导员需要积累实践经验、提升专业素养和综合能力；在职业拓展期，辅导员需要拓展职业领域、发挥引领作用等。通过职业发展理论的指导，辅导员可以更加科学、合理地规划自己的职业发展路径与策略，从而更好地实现个人职业成长。

在职业成长过程中，辅导员不可避免地会遇到各种挑战与困难。职业发展理论为辅导员提供了应对挑战与困难的理论支持和实践指导。例如，需求层次理论指出，人类的需求是分层次的，由低到高分别为生理需求、安全需求、情感和归属需求、尊重需求、自我实现需求等。辅导员在应对职业挑战与困难时，可以从需求层次理论的角度出发，分析自己的需求状况，采取相应的措施来满足这些需求。同时，辅导员还可以通过寻求支持、调整心态、提升能力等方式来积极应对挑战与困境，保持职业成长的稳定性和持续性。

职业发展理论强调职业认同与价值实现对于个体职业成长的重要性。职业认同是指个体对自己所从事职业的认同感和归属感；价值实现则是指个体通过职业活动实现个人价值和社会价值的统一。辅导员在职业成长过程中，需要不断增进对辅导员职业的理解和认同，明确自己的职业使命和责任担当。同时，辅导员还需要通过不断提升自己的专业素养和综合能力来增强自己的职业竞争力，为实现个人价值创造条件。通过增进职业认同与实现个人价值，辅导员可以更加坚定地走好职业成长之路，为高校教育事业贡献更多的智慧和力量。

第二章　辅导员思想政治教育能力提升

第一节　思想政治教育能力概述

一、思想政治教育能力的定义与具体体现

在探讨思想政治教育能力的定义之前，我们首先需要明确思想政治教育的目的。思想政治教育，旨在通过一系列有计划、有目的的教育活动，引导个体或群体形成符合社会要求的思想观念、政治观点、道德规范和法律意识，从而促进其全面发展和社会和谐。而思想政治教育能力，则是教育者开展这一系列活动所必须具备的综合素质与实践技能的集合体，它既是教育者专业素养的体现，也是教育活动有效性的关键保障。

（一）思想政治教育能力的定义

思想政治教育能力是指教育者通过传播马克思列宁主义、毛泽东思想、邓小平理论、"三个代表"重要思想、科学发展观、习近平新时代中国特色社会主义思想等党的重要思想，以及社会主义核心价值观等先进理论，对受教育者进行行之有效的思想政治教育工作，以帮助他们形成正确的世界观、人生观和价值观，提升思想政治素质的能力。思想政治教育能力并非教师所独有，而是所有负责思想政治教育工作的个体或集体都应具备的一种综合能力。

（二）思想政治教育能力的具体体现

思想政治教育能力首先体现在教育者对教育内容的深刻理解和准确诠释上。教育者需要具备扎实的理论功底，能够系统掌握马克思主义基本原理、中国特色社会主义理论体系等核心思想，并能结合时代背景、社会现实和受教育者的实际情况，对受教育者进行深入浅出的讲解和生动形象的阐释。这种能力不仅要求教育者有深厚的理论素养，还要求其具备敏锐的时代洞察力和强大的信息整合能力，以确保教育内容的时效性和针对性。思想政治教育不仅仅是知识的传授，更是情感的交流和价值的引导。在此基础上，教育者还需要善于运用情感引导的策略，激发受教育者的积极情感，培养他们的社会责任感和爱国情怀，使他们在情感上认同并接受思想政治教育的要求。

思想政治教育是一门实践性很强的学科，其教育目的的实现离不开教育者的实践操作能力和创新能力。教育者需具备将理论知识转化为实践操作的能力，能够设计并实施丰富多样的教育活动，如主题班会、社会实践、志愿服务等，让受教育者在实践中深化对理论知识的理解，增强社会责任感和使命感。同时，教育者还需要具备创新思维，能够紧跟时代步伐，不断探索新的教育方法和手段，提高教育活动的吸引力和感染力。有效的思想政治教育离不开科学的评估反馈机制。教育者需要具备对教育效果进行评估的能力，能够运用科学的方法和工具，对教育活动的过程和结果进行客观、全面的评价。在此基础上，教育者还需要具备自我反思和自我提升的能力，能够及时发现并纠正自身在教育实践中的不足和错误，从而不断提高自身的专业素养和教育能力。

二、思想政治教育能力的主要构成要素

思想政治教育能力作为教育者在思想政治教育活动中所展现出的综合素

质与实践技能的集合，其构成要素复杂而多元。这些要素相互关联、相互作用，共同构成了教育者有效开展思想政治教育工作的基础。

（一）政治素养与理论功底

思想政治教育是一项具有重要意义的活动，要求教育者首先具备坚定的政治立场，即坚定不移地拥护中国共产党的领导，积极宣传党的路线、方针、政策，成为无产阶级的代言人，全心全意为人民服务。这种坚定的政治立场是教育者开展思想政治教育工作的前提和基础。

理论功底是教育者开展思想政治教育工作的基石。教育者需要掌握扎实的马克思主义基础理论知识，包括马克思主义哲学、政治经济学和科学社会主义等。这些理论知识不仅是思想政治教育学的理论基础，也是教育者向受教育者讲授马克思主义基本原理，帮助他们树立正确的世界观、人生观、价值观的重要工具。此外，教育者还需要具备思想政治教育的专业知识，包括思想政治教育学原理、思想政治教育方法论等，以便更好地进行教育实践。

（二）情感沟通与价值引领能力

情感沟通是思想政治教育过程的重要环节。教育者需要具备良好的人际沟通能力，能够准确把握受教育者的情感需求和价值取向，通过平等对话、情感共鸣等方式与受教育者建立起信任关系。这种情感沟通能力有助于教育者更好地了解受教育者的思想动态和心理变化，从而有针对性地开展思想政治教育工作。

价值引领是思想政治教育的核心任务之一。教育者需要具备高尚的道德情操和正确的价值观念，能够以身作则、言传身教，引导受教育者树立正确的世界观、人生观和价值观。通过讲述革命先烈的英雄事迹、分析社会热点问题等方式，教育者可以激发受教育者的爱国情感和社会责任感，引导他们形成积极向上的人生态度。

（三）教学设计与实施能力

教学设计是教育者开展思想政治教育工作的关键环节。教育者需要根据教学目标和受教育者的实际情况，精心设计教学方案，这包括确定教学主题、选择教学方法、安排教学时间等。通过科学的教学设计，教育者可以确保教学活动的针对性和实效性，激发受教育者的学习兴趣，提高其参与度。

教学实施是教育者将教学设计转化为实际教学成果的过程。教育者需要具备良好的课堂讲授能力和组织协调能力，能够灵活运用各种教学方法，如讲授法、讨论法、案例分析法等，从而引导受教育者积极参与教学活动。同时，教育者还需要关注受教育者的学习状态和反馈意见，及时调整教学策略和方法，以确保教学目标的顺利实现。

（四）评估反馈与自我提升能力

评估反馈是检验思想政治教育效果的重要手段。教育者需要运用科学的评估方法和工具，对教学活动的过程和结果进行客观、全面的评价。教育者可以通过问卷调查、访谈交流等方式收集受教育者的反馈意见和评价结果，及时发现问题并解决。同时，教育者还需要关注受教育者的思想动态和心理变化，以便更好地调整教学策略和教学方法。

自我提升是教育者不断提高思想政治教育能力的关键途径。教育者需要牢固树立终身学习的理念，不断学习新知识、新技能和新方法。通过参加培训、研讨和交流等活动，教育者可以拓宽视野、增长见识、提高专业素养。同时，教育者还需要反思和总结自己的教学实践经验，不断发现自身存在的问题和不足，并加以改进。

（五）创新与应变能力

创新能力是教育者适应时代发展和社会变化的重要能力。在思想政治教育领域，教育者需要不断创新教学内容和教学方法，以适应受教育者的新需求和新特点。通过引入新的教学理念和教学模式、开发新的教学资源和教学工具等方式，教育者可以激发受教育者的学习兴趣和创造力，提高教学质量。

应变能力是教育者在面对突发事件和复杂情况时需要具备的重要能力。在开展思想政治教育工作的过程中，教育者可能会遇到各种意想不到的问题和挑战。此时，教育者需要保持冷静、理智的精神状态，迅速做出正确的判断和决策，并采取有效的应对措施。通过灵活应对各种复杂情况和挑战，教育者可以确保思想政治教育工作的顺利进行。

三、思想政治教育能力与辅导员职业角色的关系

在高等教育体系中，辅导员作为学生成长道路上的重要引路人和守护者，其角色定位与思想政治教育能力紧密相关。思想政治教育能力不仅是辅导员专业素养的体现，也是其有效履行职责、促进学生全面发展的关键所在。

辅导员作为高校教师队伍的重要组成部分，其职业角色具有多元性和综合性的特点。辅导员的首要任务是引领学生树立正确的政治方向，坚定理想信念，努力成为中国特色社会主义事业的合格建设者和可靠接班人。辅导员通过学业指导、心理辅导等方式，助力学生成长成才，实现个人价值。

辅导员需要关注学生的身心健康和安全，向其提供必要的帮助和支持，以确保学生健康成长。在毕业生就业过程中，辅导员可以为学生提供个性化的职业规划建议，帮助他们明确职业方向，提高就业竞争力。

（一）思想政治教育能力是辅导员职业角色的核心要求

辅导员作为学生政治思想的引领者，必须具备出色的思想政治教育能力。通过系统的思想政治教育，辅导员能够帮助学生树立正确的世界观、人生观和价值观，引导他们坚定中国特色社会主义道路自信、理论自信、制度自信、文化自信。思想政治教育能力不仅是辅导员履行政治思想引领职责的基础，

也是其职业角色的核心要求。

在助力学生成长成才的过程中，辅导员的思想政治教育能力同样发挥着重要作用。通过学业指导，辅导员能够帮助学生解决成长过程中的困惑和问题，激发他们的学习动力和创造力。同时，辅导员还能够通过思想政治教育活动，培养学生的责任意识、合作意识、竞争意识等品质，为他们的全面发展奠定坚实基础。

在关注学生身心健康和安全方面，辅导员的思想政治教育能力同样不可或缺。通过加强心理健康教育和安全教育，辅导员能够帮助学生树立正确的健康观念和安全意识，提高他们的自我保护能力。同时，辅导员还能够通过心理疏导等方式，帮助学生解决各种心理问题，确保他们的心理健康。辅导员思想政治教育能力的运用不仅体现了其对学生的人文关怀和责任担当，也彰显了辅导员职业角色的重要性和独特性。

在毕业生就业过程中，辅导员的思想政治教育能力同样具有重要作用。通过个性化的职业规划指导和心理辅导，辅导员能够帮助学生明确职业方向和发展路径，提高他们的就业竞争力。同时，辅导员还能够通过思想政治教育活动引导学生树立正确的就业观念，鼓励他们到祖国最需要的地方建功立业。辅导员思想政治教育能力的运用不仅促进了学生的顺利就业和职业发展，也体现了辅导员职业角色的深远影响。

（二）提升思想政治教育能力以更好地扮演辅导员职业角色

为了更好地扮演辅导员职业角色并发挥其作用和价值，辅导员需要不断提升自身的思想政治教育能力。

辅导员应深入学习马克思主义基本原理和中国特色社会主义理论体系等核心思想，不断提高自身的理论素养和政治觉悟；应关注时事热点和社会动态，了解国内外形势和政策法规等，以拓宽自己的知识视野和思维广度。

辅导员应积极参与各种实践活动和社会调研，以积累实践经验并提高自己的实践能力；同时，还应注重与学生沟通交流，以了解他们的需求和困惑，从而为他们提供更加精准有效的指导和帮助；应具备一定的心理疏导能力，以帮助学生解决心理问题，引导学生培养积极向上的心态和树立正确的价值观念；应定期对自己的工作进行总结和反思，以发现自身存在的问题和不足并及时改进；应不断学习，提升自己的职业能力，以更好地扮演辅导员职业角色并发挥该角色的作用和价值。

（三）思想政治教育能力与辅导员职业角色的相互促进

一方面，辅导员的思想政治教育能力越强，就越能出色地履行职责，为学生提供更优质的思想政治教育服务。这不仅能够提升学生的思想政治素质，还能够增强学生的凝聚力和向心力，为高校的稳定和发展做出贡献。另一方面，辅导员在扮演职业角色的过程中，也会不断遇到新的挑战和问题，这些挑战和问题促使辅导员不断学习、不断进步，从而进一步提升其思想政治教育能力。因此，思想政治教育能力与辅导员职业角色之间形成了相互促进的良性循环。

四、思想政治教育能力在辅导员工作中的具体应用

在高等教育体系中，辅导员作为学生思想政治教育的骨干力量，其思想政治教育能力直接关系到学生的思想政治素质培养和全面发展。

辅导员的首要任务是引导学生深入学习马克思主义理论，特别是中国特色社会主义理论体系。通过组织专题讲座、读书会、研讨会等形式，辅导员可以帮助学生理解马克思主义的基本原理和立场观点，引导学生树立正确的世界观、人生观和价值观。辅导员还需要积极培育学生的社会主义核心价值观，通过主题班会、社会实践、志愿服务等活动，将社会主义核心价值观融入学生的日常生活和学习中。同时，辅导员也要通过具体案例分析和讨论，

引导学生认识到社会主义核心价值观的重要性，并自觉践行这些价值观。

辅导员负责学生干部的选拔、培养、考核、管理等工作，以及学生的评先选优工作，并协助党组织做好学生入党积极分子的培养和学生党员的发展工作。通过民主选举、教师推荐等方式，选拔出有能力、有责任心的学生干部，为学生工作提供有力支持；通过定期培训、交流学习等方式，提高学生干部的组织协调能力和综合素质；建立健全学生干部考核机制，定期对学生干部进行考核评价，激励学生干部积极履行职责。

辅导员可以利用网络平台，与学生进行直接的交流与沟通，扩大思想政治教育的覆盖面和影响力。通过开设网络思政课堂，引导学生树立正确的网络观念，提高网络素养；关注学生的网络舆情，及时发现并解决学生在网络平台上存在的问题，引导学生健康上网；通过制作思政微课、开展网络主题活动等方式，创新网络教育方式，提高思想政治教育的针对性和实效性。

辅导员是班级管理的核心人物，负责班级的日常管理和秩序维护。通过制定班级规章制度、组织班级活动、协调班级关系等方式，辅导员可以营造一个良好的班级氛围和学习环境。同时，辅导员还应关注学生的个体差异和特殊需求，提供个性化的管理和服务。辅导员还应加强班级凝聚力的建设，增强学生的组织纪律性和集体荣誉感。通过组织班级会议、团日活动、社会实践等方式，辅导员可以增强学生的团队协作能力和集体凝聚力。同时，辅导员还应注重培养学生的领导才能和组织能力，为他们未来的社会发展打下良好的基础。

第二节　辅导员在思想政治教育中的
角色定位

一、辅导员是思想政治教育的引领者

在高等教育的广阔舞台上，辅导员不仅是学生生活的指导者，更是思想政治教育的引领者。他们肩负着塑造学生思想观念、培养学生社会主义核心价值观的重要使命。辅导员应通过言传身教，引导学生树立正确的世界观、人生观和价值观，为国家的未来发展和社会的繁荣贡献自己的力量。

（一）辅导员在思想政治教育中的职责

辅导员在高校中扮演着多重角色，但其中最为核心的角色是思想政治教育的引领者。

辅导员要深入开展中国特色社会主义、中国梦宣传教育和社会主义核心价值观教育，帮助学生不断坚定中国特色社会主义道路自信、理论自信、制度自信、文化自信，牢固树立正确的世界观、人生观、价值观。辅导员要掌握学生思想行为特点及思想政治状况，有针对性地帮助学生处理好思想认识、价值取向、学习生活、择业交友等方面的具体问题。

辅导员要组织和指导各种实践活动，如志愿服务、社会调查、文化交流等，让学生在实践中感悟社会主义核心价值观。通过实践活动，辅导员可以引导学生将理论知识转化为实际行动，培养他们的社会责任感和实践能力。

辅导员要运用新媒体新技术，推动思想政治工作传统优势与信息技术高度融合；构建网络思想政治教育重要阵地，积极传播先进文化；加强学生网络素养教育，积极培养校园好网民，引导学生创作网络文化作品，弘扬主旋律，传播正能量；创新工作路径，加强与学生的网上互动交流，运用新媒体对学生开展思想引领、学习指导、生活辅导、心理咨询等。

（二）有效发挥辅导员在思想政治教育中的作用的策略

辅导员需要不断学习和提升自己的理论素养和教育能力。他们要深入研究马克思主义理论、党的路线方针政策以及社会主义核心价值观等理论知识，掌握科学的教育方法和教育技巧。通过不断学习和实践，辅导员可以提高自己的教育能力，更好地履行思想政治教育的职责。辅导员需要不断创新教育的方式与方法，以适应学生的需求和时代发展的需要。他们可以利用现代信息技术手段，如网络、多媒体等，开展线上教育活动。通过创新教育方式与教育方法，辅导员可以激发学生的学习兴趣，增强思想政治教育的效果。

辅导员需要加强与学生的沟通与互动，了解学生的思想和需求。辅导员可以通过个别谈话、集体辅导、问卷调查等方式，及时了解和掌握学生的思想动态和心理状况。通过加强与学生的沟通与互动，辅导员可以更有针对性地开展思想政治教育工作，帮助学生解决实际问题。辅导员需要与其他教师、管理人员以及家长等构建协同育人的工作机制。同时，辅导员还要与家长保持密切的联系，共同关注学生的成长和发展。通过构建协同育人的工作机制，辅导员能够汇聚各方力量，进而推动思想政治教育的深入开展。

二、辅导员是思想政治教育的实施者

在高等教育的广阔天地里，辅导员作为一支特殊的队伍，有着举足轻重的作用。他们不仅是学生日常管理的直接参与者，更是思想政治教育工作的重要实施者，是连接学校与学生之间的桥梁，是引导学生健康成长、全面发展的引路人。

（一）辅导员的角色解读：思想政治教育的中坚力量

在多元化价值观并存的社会背景下，高校成为各种思想文化交流、交融、交锋的前沿阵地。辅导员作为这一阵地的守护者，承担着传播主流意识形态、弘扬社会主义核心价值观的重任。他们通过组织主题班会、开展党团活动、进行个别谈心等方式，将党的理论、路线、方针、政策以及社会主义核心价值观融入学生的日常学习和生活中，引导学生树立正确的世界观、人生观、价值观。

辅导员不仅是知识的传授者，更是学生心灵的倾听者。他们关注学生的心理健康，能及时发现并帮助学生解决心理困扰，引导学生塑造健全人格。同时，辅导员还可以根据学生的个性特点和成长需求，提供个性化的成长指导和职业规划，帮助学生明确人生目标，激发内在潜力，实现全面发展。

（二）辅导员的职责使命：全方位育人的践行者

辅导员的日常管理工作包括学生考勤管理、宿舍管理、奖助学金评定、违纪处理等。这些看似琐碎的工作，实则是维护校园秩序、保障学生权益、促进学生健康成长的基础。此外，辅导员还要积极为学生提供各类服务，如就业指导、心理咨询、学业辅导等，全方位满足学生的成长需求。

辅导员的核心职责在于思想政治教育。他们通过组织丰富多彩的思想政治教育活动，如形势政策教育、爱国主义教育、法治教育等，增强学生的国家意识、社会责任感。同时，辅导员还注重培养学生的创新精神和实践能力，鼓励学生积极参与社会实践、志愿服务等活动，将理论知识转化为实际行动，实现知行合一。

（三）辅导员的工作方法：创新与实践并重

辅导员在思想政治教育过程中，坚持理论与实践相结合的原则。他们不仅深入学习党的理论创新成果，还积极探索将理论知识转化为具体实践的有效途径。辅导员通过案例分析、小组讨论、模拟演练等方式，让学生在实践中感受理论的力量，加深对理论的理解。随着互联网技术的飞速发展，辅导员也紧跟时代步伐，充分利用网络平台开展思想政治教育工作。他们通过建立班级微信群、QQ群等线上交流平台，及时发布信息、开展讨论，实现与学生的即时互动。同时，辅导员还积极利用在线教育资源，丰富教育内容和形式，提高思想政治教育的吸引力和感染力。

辅导员深知每个学生都是独一无二的个体，因此在教育过程中注重个性化和差异化。他们通过深入了解学生的家庭背景、性格特点、兴趣爱好等，制定个性化的教育方案，以满足学生的不同需求。同时，辅导员还关注学生的成长变化，及时调整教育策略和教育方法，以确保教育的针对性和实效性。

（四）辅导员对学生成长成才的深远影响

辅导员通过持续的思想政治教育和心理疏导，帮助学生形成正确的自我认知和价值观，塑造健全人格。他们引导学生正视挫折和困难，并培养学生的坚韧不拔的意志品质和积极向上的生活态度，为学生未来的人生道路奠定坚实的基础。

辅导员通过个性化的成长指导和职业规划，帮助学生发现自身的优势和特长，激发内在潜能。他们鼓励学生勇于尝试、敢于创新，不断挑战自我、超越自我，在追求梦想的过程中实现个人价值和社会价值的统一。辅导员注重学生的全面发展，不仅关注学生的学业成绩，还关注学生的身心健康、人际交往、社会实践等。他们通过组织各类活动和实践项目，为学生提供展示自我的平台，促进学生德智体美劳全面发展。

三、辅导员是思想政治教育的评估者

在高等教育的宏大画卷中，辅导员不仅是学生思想政治教育的直接实施者，更是这一教育过程的重要评估者与优化者。他们身处教育一线，与学生紧密相连，能够最直接地了解到思想政治教育的成效与不足，从而通过科学的评估与反馈机制，不断调整和完善教育策略，确保思想政治教育工作的有效性和针对性。

（一）辅导员作为评估者的角色定位

辅导员在日常工作中，与学生保持着紧密的联系，能够直观地观察到学生在思想政治方面的变化。他们通过学生的言行举止、学习态度、价值观念等多方面的表现，评估思想政治教育的实际效果，为教育工作的改进提供第一手资料。

辅导员不仅是思想政治教育的实施者，也是思想政治教育过程的参与者和反思者。他们深入参与到各项思想政治教育活动中，对相关教育方案的实施情况、学生的接受程度以及存在的问题有着深刻的认识。通过反思思想政治教育过程中的得失，辅导员能够更准确地把握教育规律，提高思想政治教育评估的科学性。

（二）辅导员的评估内容

评估的核心在于学生思想政治素质的提升情况。这包括学生的政治觉悟、道德品质、价值观念、社会责任感等方面的变化。辅导员通过观察学生的日常行为、参与社会实践活动的表现以及与他人交往的方式等，可以综合评估学生在这些方面的进步。

辅导员还需要对思想政治教育活动的有效性和创新性进行评估。这包括思想政治教育活动的主题是否贴近学生实际、形式是否新颖多样、内容是否丰富充实等。通过评估，辅导员可以了解学生对思想政治教育活动的满意度和参与度，从而判断思想政治教育活动的实际效果和潜在价值。此外，辅导员还需要对思想政治教育资源的利用与整合情况进行评估，这包括思想政治教育资源的种类、数量、质量以及使用效率等。通过评估，辅导员可以发现思想政治教育资源分配不均、利用效率低下等问题，为思想政治教育资源的优化配置提供依据。

（三）辅导员的评估方法

辅导员在对思想政治教育效果进行评估的过程中，应采用定量评估与定性评估相结合的方法。定量评估是指辅导员通过问卷调查、成绩统计等方式，量化评估思想政治教育效果；定性评估是指辅导员通过深入访谈、观察记录等方式，获取更加具体、完整的信息，对思想政治教育效果进行质性描述。定量评估与定性评估相互补充，可使评估结果更加全面、准确。

除传统的教师评价外，辅导员还应鼓励学生进行自我评价和同伴评价。自我评价有助于学生反思自身在思想政治教育中的表现与成长；同伴评价则能够为学生提供多元的视角和反馈，促进学生相互学习和共同进步。辅导员在评估时还应注重过程评估与结果评估的结合。过程评估关注思想政治教育活动的实施过程、学生的参与情况以及思想政治教育资源的利用情况等；结果评估则关注思想政治教育活动的最终成果和学生的实际表现。过程评估与结果评估相结合，能够更全面地反映思想政治教育的实际效果和潜在价值。

（四）辅导员评估的意义

通过评估，辅导员能够及时发现教育工作中存在的问题和不足，为教育工作的持续改进提供依据和方向。这有助于提高思想政治教育的针对性和实效性，从而更好地满足学生的成长需求。

评估过程中，学生的自我评价和同伴评价能够帮助学生更加清晰地认识到自己的优点和不足，从而激发其自我完善和成长的动力。同时，评估结果也能够为学生提供明确的目标和方向，促进其更加积极地参与到思想政治教育中来。评估还有助于优化思想政治教育资源的配置与利用。通过评估思想政治教育资源的种类、数量、质量以及使用效率等方面的情况，辅导员可以更加合理地分配和利用思想政治教育资源，提高思想政治教育资源的利用效率。

（五）基于评估的优化策略

根据评估结果，辅导员应精准定位教育目标，确保教育目标与学生的实际需求和社会发展的要求相契合。这有助于提升思想政治教育的针对性和实效性，更好地促进学生的全面发展。

针对评估中发现的问题和不足，辅导员应不断创新教育方法与教育手段，以增强教育活动的吸引力和感染力。例如，可以引入案例分析、角色扮演等互动式教学方法；利用互联网、大数据等现代信息技术手段开展在线教育等。辅导员队伍是思想政治教育工作的核心力量。因此，加强师资队伍建设是提升思想政治教育工作水平的关键。学校应加大对辅导员的培训力度，提高其专业素养和综合能力；同时，还应建立健全辅导员激励机制和评价体系，激发其工作积极性和创造力。家庭和社会是学生成长的重要环境。因此，辅导员在开展思想政治教育工作时，应加强与家长的沟通和合作，共同关注学生的成长与发展；同时，还应积极寻求社会各界的支持和帮助，形成家校合作、社会联动的良好局面，共同促进学生的全面发展。

四、辅导员是思想政治教育的创新者

在高等教育日新月异的今天，辅导员作为思想政治教育工作的核心力量，不仅肩负着传承与发扬中华优秀传统文化的重任，更承担着探索与创新思想政治教育模式的使命。辅导员的角色已经远远超出了传统的管理者或教育者范畴，他们已经成了思想政治教育的创新者与引领者，不断推动教育理念的更新、教育方法的革新以及教育内容的丰富，以适应新时代学生成长的需求和社会发展的要求。

（一）辅导员作为思想政治教育创新者的时代背景

随着社会经济的快速发展和信息技术的迅猛进步，学生所处的社会环境日益复杂和多变，这给传统思想政治教育带来了前所未有的挑战。这就要求辅导员必须具备创新意识和能力，以应对外部环境的变化，确保思想政治教育工作的有效性和针对性。

当代大学生群体具有鲜明的时代特征，他们思想活跃、个性张扬、求知欲强，对新鲜事物充满好奇和热情。同时，他们也面临着就业压力、学业负担等多方面的挑战。这就要求辅导员在开展思想政治教育工作过程中，必须充分考虑学生的特点和需求，创新教育模式和教育方法，以激发学生的学习兴趣和动力。近年来，我国高等教育领域不断推进改革，强调以学生为中心、注重学生能力培养、促进学生全面发展等教育理念。这为辅导员开展思想政治教育工作提供了广阔的舞台和无限的可能。辅导员应紧跟教育改革的步伐，积极探索符合时代要求的教育模式和教育方法，为培养德智体美劳全面发展的社会主义建设者和接班人贡献力量。

（二）辅导员作为思想政治教育创新者的具体表现

辅导员作为思想政治教育的创新者，首先体现在教育理念的更新上。他们不再满足于传统的灌输式教育模式，而是注重培养学生的主体性、创造性和批判性思维。他们倡导以学生为中心的教育理念，关注学生的个体差异和成长需求，注重激发学生的内在动力和潜能。同时，他们还积极引入现代教育理念，如情感教育、体验教育、参与式教育等，以丰富教育内涵和增强教育效果。

在教育方式上，辅导员也进行了大胆的创新和尝试。他们不再局限于传统的理论灌输方式，而是积极探索符合学生特点和需求的教育方式。例如，他们组织学生参与社会实践、志愿服务等实践活动，以增强学生的社会责任感和实践能力；引入案例分析、角色扮演等互动式教学方法以激发学生的学习兴趣和动力。这些创新的教育方式不仅增强了教育效果，还提升了学生的参与感和获得感。

辅导员在创新思想政治教育的过程中还注重教育内容的拓展。他们不仅关注学生的思想政治素质提升，还注重培养学生的综合素质和创新能力。因此，他们注重教育内容的广泛性和多元性。此外，他们还注重将时事热点、社会现象等融入教育内容中，引导学生关注社会、思考人生，增强他们的社会责任感和使命感。

（三）辅导员作为思想政治教育创新者的意义

辅导员作为思想政治教育的创新者，能不断推动教育理念的现代化。他们引入现代教育理念，打破传统教育模式的束缚，注重培养学生的主体性、创造性和批判性思维。这种教育理念的更新不仅符合时代发展的要求，也有助于提升学生的综合素质和创新能力。

通过创新教育模式和教育方法，辅导员能够更有效地开展思想政治教育工作，提高教育质量。他们关注学生的个体差异和成长需求，采用多样化的教育手段激发学生的学习兴趣和动力。

辅导员作为思想政治教育的创新者，还注重促进学生的全面发展。通过组织实践活动、开展职业规划指导等方式，辅导员可以引导学生积极参与社会实践、锻炼实践能力。

第三节　辅导员思想政治教育
能力的重要性

　　辅导员的思想政治教育能力是指辅导员在开展学生思想政治教育工作过程中所表现出来的专业素养与能力。辅导员应具备扎实的马克思主义理论功底，熟悉党的路线、方针、政策，能够运用马克思主义立场、观点和方法分析和解决实际问题。

　　辅导员的思想政治教育能力包括但不限于：

　　理论素养：具备扎实的马克思主义理论功底，能够准确理解和阐释党的路线、方针、政策，用科学的理论武装学生头脑。

　　教育引导能力：能够根据学生的思想动态和心理特点，灵活运用多种教育方法，有效引导学生树立正确的世界观、人生观和价值观。

　　情感沟通能力：具备良好的人际交往和沟通能力，能够深入学生群体，倾听学生心声，与学生建立信任关系，有效传达教育意图。

　　组织协调能力：能够协调各方资源，组织丰富多彩的校园文化活动，营造积极向上的校园文化氛围，促进学生全面发展。

　　自我提升能力：保持学习的热情和动力，不断更新知识结构，提高教育水平，以适应新时代思想政治教育工作的需要。

　　辅导员应时刻保持高度的政治警觉性，能够敏锐地捕捉和判断国内外形势变化对学生思想的影响，及时引导学生正确认识和应对外部环境的变化。辅导员应善于运用各种教育方法和手段，如谈心谈话、主题活动等，有针对性地开展思想政治教育活动，引导学生树立正确的思想观念。辅导员应具备良好的沟通协调能力，能够与学生、家长、同事等各方进行有效沟通，共同促进学生成长成才。

一、辅导员思想政治教育能力对学生成长的影响

在当今的高等教育体系中，辅导员作为大学生思想政治教育的骨干力量，其角色至关重要。他们不仅是学生日常学习与生活的指导者，更是学生思想道德素质提升的引路人。辅导员的思想政治教育能力，直接关系到学生的世界观、人生观、价值观的形成与发展，对学生成长成才具有深远的影响。

在多元文化的冲击下，学生容易受到各种思潮的影响。辅导员通过有效的思想政治教育，能够帮助学生辨别是非，树立正确的价值观念，坚定理想信念。思想政治教育不仅关注学生的思想状况，还涉及学生的心理健康、职业规划等。辅导员的全方位引导，有助于学生形成健全的人格，实现全面发展。

辅导员作为连接学校与学生的桥梁，通过深入细致的工作，能够及时发现并解决学生管理工作中的矛盾和问题，有效维护校园的和谐稳定。辅导员的思想政治教育能力，是高校思想政治教育工作创新的重要源泉。他们的工作实践和经验总结，能够为高校思想政治教育工作提供新的思路和方法。

通过辅导员的思想政治教育，学生能够更加深刻地认识到自己作为社会成员的责任和使命，激发其服务社会、报效国家的热情。辅导员的引导能帮助学生更好地认识自己，明确自己的优势和不足，学会自我调整和管理，为未来的学习和生活打下坚实的基础。辅导员通过言传身教、榜样示范等方式，可以引导学生形成诚实守信、勤奋好学、团结协作等良好品质。

在思想政治教育过程中，辅导员应鼓励学生勇于探索、敢于创新，积极参与社会实践，将理论知识转化为解决实际问题的能力。辅导员应关注学生的心理健康状况和情感需求，通过心理咨询、情感交流等方式，帮助学生解开心中的疑惑，促进其心理健康发展。

二、辅导员思想政治教育能力对学校发展的贡献

在高等教育体系中，辅导员作为连接学校与学生的桥梁，其角色不仅限于学生个人成长的引导者，更是学校整体发展不可或缺的重要力量。辅导员的思想政治教育能力不仅关乎学生个体的思想道德素质提升，更对学校的教育质量、校园文化、社会稳定及长远发展具有深远影响。

（一）提升教育质量，强化人才培养

辅导员的思想政治教育能力直接关系到学生思想道德素质的培养，而思想道德素质是人才综合素质的重要组成部分。通过有效的思想政治教育，辅导员能够引导学生树立正确的世界观、人生观和价值观，培养学生的社会责任感、创新精神和实践能力，从而全面提高学生的综合素质。这种综合素质的提高，直接反映在学校的教育质量上，使得学校能够培养出更多符合社会需求的高素质人才。

此外，辅导员还通过日常管理和服务，关注学生的学习状态、心理健康状况和职业规划，为学生提供个性化的指导和帮助。这种全方位、多层次的教育服务，有助于激发学生的学习动力，提高学习效率，进一步提高学校的教育质量。

（二）建设校园文化，营造良好氛围

校园文化是学校精神风貌的集中体现，也是学校发展的重要软实力。辅导员作为校园文化的建设者和传播者，其思想政治教育能力在建设校园文化方面发挥着重要作用。

辅导员通过组织丰富多彩的校园活动，如主题班会、学术讲座、文艺演出等，引导学生积极参与，让学生在活动中感受文化的魅力。这些活动不仅

能丰富学生的课余生活，还能促进学生之间的交流与合作，增强学生集体的凝聚力。同时，辅导员还注重将社会主义核心价值观融入校园文化之中，通过潜移默化的方式，引导学生树立正确的价值观，从而营造出积极向上的校园氛围。

（三）维护校园安全稳定，构建和谐环境

校园安全稳定是学校发展的前提和基础。辅导员作为保证学校安全稳定的重要力量，其思想政治教育能力在维护校园安全稳定方面发挥着不可替代的作用。

辅导员通过深入学生群体，可全面了解学生的思想动态和心理需求，及时发现并解决学生管理中的矛盾和问题。他们运用专业的知识和技能，对学生进行心理疏导和情绪调节，帮助学生缓解压力。同时，辅导员还积极参与校园安全管理和突发事件处置工作，确保学校的安全稳定。这种及时有效的干预和处置，为学校的和谐发展提供了有力保障。

（四）推动教育改革，创新思想政治教育工作

随着时代的发展和社会的进步，高等教育面临着前所未有的挑战和机遇。辅导员作为思想政治教育工作的主力军，其思想政治教育能力在推动教育改革和创新思想政治教育工作方面发挥着重要作用。

辅导员紧跟时代步伐，关注社会热点和学生关切的事件，不断探索新的教育方法和手段。他们利用新媒体和网络平台开展思想政治教育工作，拓宽工作渠道，扩大覆盖面；他们注重实践育人，鼓励学生参与社会实践和志愿服务活动，将理论知识转化为解决实际问题的能力；他们还注重个性化教育，针对不同学生的特点和需求提供个性化的指导和帮助。这些创新举措不仅提高了思想政治教育工作的针对性和实效性，还为学校的教育改革提供了有益的借鉴。

（五）促进学校品牌建设，赢得良好的社会声誉

学校的品牌建设是学校发展的重要战略之一。辅导员的思想政治教育能力在促进学校品牌建设、提高社会声誉方面发挥着积极作用。

辅导员通过有效的思想政治教育和优质的服务管理，能培养出一批具有高尚品德、扎实学识和创新能力的高素质人才。这些优秀的人才在社会各个领域发挥着重要作用，为学校赢得了良好的社会声誉。同时，辅导员还积极参与学校的对外交流与合作活动，展示学校的办学成果和特色优势，这能够吸引更多的优质生源和社会资源。这种良性循环不仅促进了学校的品牌建设和发展壮大，还扩大了学校的社会影响力，提高了学校的竞争力。

三、辅导员思想政治教育能力对社会稳定的作用

辅导员作为高校思想政治教育的核心力量，其思想政治教育能力不仅关乎学生个体的成长与发展，更对社会稳定与和谐产生深远的影响。

在全球化、信息化时代背景下，社会价值观念日益多元，各种思潮相互激荡，给青年学生的价值选择带来了挑战。辅导员通过深入解读社会主义核心价值观，用科学的理论武装学生头脑，帮助学生辨别是非、认清方向，形成积极向上的价值观。这种价值引领不仅有助于学生个人的健康成长，更为社会凝聚共识、增进团结提供了有力支撑。当广大青年学生成为社会主义核心价值观的坚定信仰者和实践者时，他们将成为社会稳定与和谐的积极力量。

现代社会快节奏的生活方式和激烈的竞争环境，使得人们面临着前所未有的心理压力。大学生作为社会的一个特殊群体，承受着学业、就业、人际关系等多方面的压力。辅导员作为学生的"知心朋友"，在思想政治教育过程中，通过情感交流与心理疏导，能够帮助学生缓解心理压力，调整心态，提升应对挫折的能力。这种情感疏导不仅有助于学生的心理健康，更在一定程

度上缓解了社会整体的紧张氛围。当学生能够以更加积极、理性的态度面对生活中的挑战时，社会的稳定性也将进一步增强。

高校作为社会的缩影，同样存在着各种矛盾和问题。学生之间的摩擦、师生之间的误解、学校与社会的冲突等，都可能成为影响社会稳定的因素。辅导员通过思想政治教育，深入了解学生的需求和诉求，可以及时发现并妥善解决相关矛盾和问题。他们能够运用专业的知识和技能，进行公正、合理的调解和疏导，有效化解潜在的矛盾。这种矛盾化解工作不仅维护了校园内部的和谐稳定，也为社会整体的和谐稳定贡献了力量。当高校成为社会稳定的"压舱石"时，其辐射和带动作用将更加明显。

辅导员在思想政治教育过程中，注重培养学生的社会适应能力。他们通过组织社会实践、志愿服务等活动，让学生走出校园、接触社会，了解国情、民情和社情。这些实践活动不仅丰富了学生的社会经验，更锻炼了他们的组织协调能力、沟通能力和解决问题的能力。当学生具备了较强的社会适应能力时，他们就能够更好地融入社会、服务社会，成为推动社会进步的重要力量。这种公民素质的提升不仅有助于个人价值的实现，更为社会稳定与和谐提供了有力的保障。

辅导员作为高校思想政治教育的实践者，他们的一言一行都对学生具有深远的影响。在思想政治教育过程中，辅导员要注重传递正能量、弘扬主旋律，用先进典型和感人事迹激励学生向上向善。这种正能量的传递不仅激发了学生的爱国热情和社会责任感，更为社会营造了良好的风气和氛围。当学生成为正能量的传递者和践行者时，他们将用自己的行动影响和带动周围的人，形成"以点带面"的良好效应。这种正能量的不断汇聚和扩散，将为社会稳定与和谐提供强大的力量支撑。

第四节　辅导员思想政治教育
能力提升的策略

一、调动多方积极性

高校应定期组织辅导员参加专业培训和学习交流活动，提升其理论素养和教育技能；同时，鼓励辅导员自主学习，不断更新知识结构；建立科学合理的考核评价体系，对辅导员的思想政治教育工作进行量化考核和综合评价；同时，完善激励机制，对表现优秀的辅导员给予奖励；鼓励辅导员积极参与实践活动，通过解决实际问题积累工作经验；组织经验分享会等活动，促进辅导员之间的交流与合作。

辅导员应充分利用新媒体和网络平台开展思想政治教育工作，拓宽工作渠道和覆盖面；通过微信、微博等社交媒体与学生保持密切联系，及时了解学生思想动态和心理需求；应具备一定的心理健康教育与辅导能力，能够识别学生的心理问题并提供有效的帮助和支持。另外，辅导员应注重自我反思和总结提升，不断反思自己的工作方法，总结经验教训，不断提高自己的思想政治教育能力。

二、加强理论学习

在快速变化的时代背景下，加强理论学习，提高思想政治素养和理论水平，不仅是个人成长与进步的内在要求，更是推动社会进步、实现国家长治久安的重要基石。理论学习不仅是知识的积累，更是行动的指南。

辅导员应不断加强理论学习，深化对马克思主义基本原理和中国特色社会主义理论体系的理解与掌握。同时，辅导员还应密切关注思想政治教育领域的前沿动态与热点问题，不断学习新知，提升自身理论素养与实践能力，以便更有效地引导学生树立正确的世界观、人生观、价值观，培养他们成为有理想、有道德、有文化、有纪律的新时代青年。

理论学习是辅导员提升综合素质的必由之路。在知识爆炸的时代，信息纷繁复杂，唯有通过系统的理论学习，辅导员才能去伪存真、去粗取精，形成正确的世界观、人生观和价值观。理论学习有助于辅导员把握时代脉搏，理解社会发展规律，明确个人发展方向。同时，理论学习也是辅导员增强党性修养、坚定理想信念的重要途径。通过深入学习党的理论、路线、方针、政策，辅导员能够更加自觉在思想上政治上行动上同以习近平同志为核心的党中央保持高度一致。

理论学习应围绕中心、服务大局，紧密结合时代发展和个人实际。首先，要深入学习马克思主义基本原理，掌握其立场、观点和方法，这是理论学习的根本和基石。其次，要重点学习党的创新理论成果，特别是习近平新时代中国特色社会主义思想，这是新时代中国共产党的思想旗帜和精神旗帜。此外，还应广泛涉猎哲学、历史、经济、文化等多个领域的知识，以拓宽视野、丰富思想。在学习过程中，辅导员要注重理论联系实际，将所学知识与工作实践相结合，做到学以致用、用以促学。

理论学习需要科学的方法作为支撑。一是要坚持系统学习，注重知识的连贯性和整体性，避免碎片化学习带来的片面性和肤浅性。二是要采用多种学习方式，如参加讲座、研讨交流等，以激发学习兴趣、提高学习效率。三是要注重思考和反思，在学习过程中不断提出问题、分析问题、解决问题，形成自己的见解和认识。四是要坚持学以致用，将所学知识与实际工作相结合，通过实践来检验和深化理论学习成果。理论学习的最终目的是更好地指导实践。因此，辅导员在加强理论学习的同时，要注重实践应用。一是要将理论学习成果转化为提高工作效率的强大动力，以更加饱满的热情和更加扎实的作风投入到工作中去。二是要运用所学理论解决实际问题，特别是在面对复杂矛盾和重大挑战时，要敢于担当、善于作为。三是要注重总结经验教训，将实践中的好做法、好经验提炼上升为规律性认识，为今后的工作提供借鉴。

理论学习是一个永无止境的过程。辅导员要保持持续学习的动力，需要做到以下几点：一是要树立终身学习的理念，认识到学习是伴随人一生的活动。二是要培养浓厚的学习兴趣，将学习视为一种乐趣和享受，而不是负担和压力。三是要制订合理的学习计划，明确学习目标、内容和时间安排，确保学习有计划、有步骤地进行。四是要营造良好的学习氛围，与志同道合的人一起交流学习心得、分享学习成果，相互激励、共同进步。五是要注重自我激励和约束，时刻保持对知识的渴望和对进步的追求，不断挑战自我、超越自我。

三、开展思想政治教育实践活动

面对复杂多变的社会环境和日益激烈的竞争态势，高校辅导员这一角色愈发显得重要且充满挑战。在这一背景下，丰富多彩的思想政治教育实践活动成为辅导员个人成长与专业发展的重要途径，它们不仅深化了辅导员对理论知识的理解与认同，更在实践中锤炼了他们的实战能力，使其在面对各种挑战时能够游刃有余，有效地解决实际问题。

（一）思想政治教育实践活动的重要性

思想政治教育实践活动是理论知识与实践操作之间的桥梁。在高等教育体系中，辅导员所接触的理论知识往往涵盖了心理学、教育学等多个领域，这些知识为辅导员提供了坚实的理论基础。然而，理论知识若不能与实践相结合，便如同空中楼阁，难以发挥其应有的作用。因此，通过组织参与各类思想政治教育实践活动，如社会调研、志愿服务等，辅导员得以将理论知识应用于实际情境中，从而加深对知识的理解和内化。这些实践活动不仅让辅导员在实践中检验和修正理论知识，还促使他们不断探索和创新工作方法，提升工作效率。

思想政治教育实践活动是提升辅导员实战能力的关键。在复杂多变的社会环境中，辅导员不仅要具备扎实的理论基础，更需要具备敏锐的洞察力、灵活的应变能力和较强的执行力。思想政治教育实践活动为辅导员提供了锻炼这些能力的绝佳平台。例如，在组织学生参与社会实践活动时，辅导员需要协调各方资源、制订详细计划、应对突发情况，这些过程都极大地锻炼了他们的组织协调能力、决策能力和危机处理能力。同时，通过与学生、家长、社区等多方面的交流与合作，辅导员的沟通技巧和人际交往能力也得到了显著提升。

思想政治教育实践活动有助于辅导员形成正确的价值观和职业态度。在参与思想政治教育实践活动的过程中，辅导员会接触到不同背景、不同需求的人群，这些经历促使他们更加关注社会现实，理解多元价值观念，从而培养出更加包容、开放的心态。同时，面对实践中的困难和挑战，辅导员需要保持积极乐观的态度，勇于担当责任，这种职业态度的形成对于辅导员个人的成长至关重要，也能对学生产生正面影响。

思想政治教育实践活动还能够促进辅导员之间的交流与合作，形成团队合力。在共同组织、参与思想政治教育实践活动的过程中，辅导员可以相互学习、借鉴经验，共同面对和解决问题。这种团队合作的精神不仅有助于提升辅导员的工作效率，还能增强辅导员之间的凝聚力，为建设团结的辅导员队伍打下坚实基础。

总之，面对复杂多变的社会环境和日益激烈的竞争态势，丰富多彩的思想政治教育实践活动对于辅导员的个人成长与专业发展具有不可替代的作用。因此，学校应高度重视思想政治教育实践活动的组织与实施，为辅导员提供更多参与实践的机会，以促进其全面发展，为培养更多高素质人才贡献力量。

（二）思想政治教育实践活动持续优化的路径

学校应将思想政治教育实践活动纳入学校教育教学计划和学生综合素质评价体系，形成长效机制；通过定期举办、持续跟踪和不断完善等方式，确保思想政治教育实践活动的连续性和有效性；加大对辅导员的培训力度，提高其专业素养和实践指导能力；通过组织培训班、研讨会等方式，促进辅导员之间的交流与合作。

此外，学校还应积极寻求与更多政府部门、企事业单位、社区等建立合作关系的机会，丰富实践资源，拓展实践平台；通过共建实践基地、联合举办活动等方式，为辅导员提供更加多样化的实践机会和丰富的资源支持；始终关注辅导员的需求和反馈，及时调整和优化实践活动的设计和实施策略；通过问卷调查、座谈会等方式收集辅导员的意见和建议，确保思想政治教育实践活动更加贴近辅导员的实际需求。

第三章　辅导员的学生事务
管理能力提升

第一节　学生事务管理的基本理论

一、学生事务管理的内涵

"学生事务"这一术语，源自美国高等教育体系，后随着我国高等教育改革的深入而逐渐被引入并本土化。它指的是高校中在正常的教学活动之外，与学生关系紧密的其他非学术性事务，包括但不限于学生的日常生活管理、社团活动组织、奖助学金评定、纪律处分及勤工助学管理等内容。学生事务管理是高等学校通过对这些非学术性事务进行规范、指导，以丰富学生的校园生活、促进学生全面发展所开展的一系列组织活动。

二、学生事务管理的主要任务

学生事务管理作为高等教育体系中不可或缺的一部分，承担着促进学生全面发展、维护校园和谐稳定、提高教育质量等多重任务。学生事务管理范围广泛，涉及学生的学习、生活、心理、职业规划等多个方面的内容。

（一）学生思想政治教育和安全

学生事务管理的首要任务是贯彻落实党的教育方针，加强学生的思想政治教育。这包括组织学生学习党的理论知识、宣传社会主义核心价值观、开展理想信念教育和爱国主义教育活动等，引导学生树立正确的世界观、人生观和价值观。学生事务管理人员可通过举办主题班会、讲座、研讨会等形式，引导学生关注社会热点、思考人生问题，培养学生的社会责任感和公民意识；同时，加强对学生网络行为的引导和管理，营造健康向上的网络环境。

确保学生的人身安全和财产安全是学生事务管理的重中之重。这包括制定安全管理制度、开展安全教育活动、加强校园安全巡逻和监控等。同时，学校要建立突发事件应急处理机制，及时应对和处理各类突发事件。

（二）学生日常行为管理与服务

学生事务管理包括学生的日常行为管理。学生日常行为管理包括考勤管理、宿舍管理、校园秩序维护等。学生事务管理人员通过制定和执行相关规章制度，规范学生的行为举止，维护校园的正常秩序。提供便捷的生活服务是学生事务管理的重要任务之一。这包括食堂管理、宿舍设施维护、医疗卫生服务、心理咨询等。

（三）学生发展指导与支持

学生事务管理人员应提供职业规划指导服务，帮助学生明确职业目标、制定职业规划。学生事务管理人员可通过举办职业规划讲座、模拟面试、职业咨询等活动，提高学生的就业竞争力和职业素养。针对学生在学习过程中遇到的问题和困难，学生事务管理人员应提供学业指导服务，这包括学习方法指导、课程选择建议、学习资源推荐等。关注学生心理健康是学生事务管理的重要任务。通过开设心理健康教育课程、提供心理咨询和辅导服务、举办心理健康教育活动等，学生事务管理人员可以帮助学生解决心理问题、缓解心理压力。

（四）学生活动组织与管理

学生事务管理人员应负责组织丰富多彩的校园活动，如文艺晚会、体育比赛、学术讲座等，这些活动不仅能够丰富学生的课余生活，还能够提高学生的综合素质和能力。学生事务管理人员通过加强对学生社团的管理和指导，支持学生社团开展各类活动，培养学生的团队合作精神、创新能力和实践能力，促进学生全面发展。

学生事务管理人员应鼓励学生参与社会实践活动，培养学生的社会责任感和公民意识；还可通过组织志愿服务项目，让学生走出校园、接触社会、了解国情和民情。

（五）学生信息管理与统计

学校要建立完善的学生信息管理系统，实现学生信息的电子化、网络化管理。通过学生信息管理系统，学生事务管理人员可及时更新和维护学生信息，确保信息的准确性和完整性。通过对数据的分析，学生事务管理人员可了解学生的学习、生活、心理等方面的状况和需求，为制定更加科学合理的管理策略提供依据。

（六）家校合作与沟通

学校应建立家校合作机制，加强与家长的沟通和联系。通过家长会、家访等形式，学生事务管理人员可向家长介绍学生在校表现和学习情况，让家长了解孩子的进步和存在的问题；同时，还可收集家长对学校工作的意见和建议，不断完善学生事务管理工作。

三、学生事务管理面临的挑战

随着高等教育的普及和社会环境的不断变化，学生事务管理面临着诸多挑战。这些挑战不仅来源于学生群体的多样性和复杂性，还涉及管理理念、技术手段、资源分配等多个方面的内容。

（一）管理理念与模式滞后

尽管以人为本的管理理念在高等教育领域得到了广泛认同，但在实际操作中，部分高校仍将其视为口号，未能真正落实到学生事务管理的各个环节。这导致学生主体地位未得到充分尊重，学生事务管理人员在管理过程中缺乏对学生个性化需求的关注。

我国高校学生事务管理模式经历了从单一管理向多元化管理的转变，但仍存在模式欠成熟、欠科学的问题。传统的管理模式往往侧重对学生的控制和约束，而忽视了对学生成长和发展的支持。此外，不同高校之间管理模式差异较大，缺乏统一的标准和规范。

（二）学生群体的多样性和复杂性

随着高等教育的普及，学生数量不断增加，学生之间的差异也日益显著。这要求学生事务管理必须更加精细化、个性化，以满足不同学生的需求。然而，当前的学生事务管理体系在应对这种多样性和复杂性时有诸多不足。随着社会竞争的加剧和生活节奏的加快，学生面临的心理压力越来越大。抑郁症、焦虑症等心理疾病在学生群体中日益普遍。这要求学生事务管理人员必须加强对学生的心理健康教育和服务，提供及时有效的心理支持和干预。

（三）技术手段的局限与不足

当前，部分高校在学生事务管理方面的信息化水平仍然较低，主要依赖手工操作和传统的纸质档案管理方式。这不仅导致信息传递不畅、操作效率低下，还增加了管理成本和出错率。

大数据时代的到来，为高校学生事务管理提供了新的机遇。然而，由于部分高校缺乏大数据意识和技术能力，导致大数据技术在学生事务管理中的应用不足。这限制了学校对学生数据的深入挖掘和分析，无法为管理决策提供有力支持。

（四）资源分配与利用不均衡

学生事务管理涉及多个领域，需要一支专业、高效的管理队伍。然而，当前部分高校在学生事务管理方面存在人力资源短缺的问题，导致管理工作难以全面、深入地开展。

学生事务管理工作的有效开展需要充足的物力与财力资源支持。然而，由于高校经费有限、资源分配不均等问题，学生事务管理在硬件设施、活动经费等方面存在不足，这限制了学生事务管理的水平和质量。

（五）外部环境的变化与影响

随着社会的快速发展和变迁，学生事务管理面临着新的社会环境和挑战。例如，网络技术的普及和社交媒体的兴起改变了学生的生活方式和思维方式；就业市场的变化对学生的职业规划和发展提出了新的要求等。

政策法规的调整也对学生事务管理产生了重要影响。例如，国家对高校思想政治教育的重视程度不断提高；对学生心理健康教育的支持力度不断加大等。这些政策法规的调整要求学生事务管理必须紧跟时代步伐、适应政策要求。

四、应对学生事务管理挑战的措施

随着高等教育的普及和社会环境的快速变化，学生事务管理面临着前所未有的挑战。这些挑战包括管理理念与模式滞后、学生群体的多样性和复杂性、技术手段的局限与不足、资源分配与利用不均衡以及外部环境的变化与影响等。为了有效应对这些挑战，提高学生事务管理的质量和效率，高校必须采取一系列措施。

（一）强化学生主体地位，促进个性化发展

高校应将学生置于管理工作的核心位置，尊重学生的个性差异；通过问卷调查、座谈会等方式收集学生意见，确保管理决策能够真正反映学生的利益和需求；利用大数据、人工智能等技术手段，对学生的兴趣、能力、需求等进行深入分析，提供个性化的学业指导、职业规划、心理支持等服务；同时，建立灵活多样的管理制度，以满足不同学生的成长需求。

（二）加强心理健康教育，构建心理支持体系

高校应将心理健康教育纳入学校课程体系，开设必修或选修课程，普及心理健康知识，提高学生的心理素质；同时，加强心理健康教育师资队伍建设，提高教师的专业素养和服务能力；制订心理危机干预应急预案，明确干预应急流程和责任人；建立快速响应机制，对出现心理问题的学生及时进行干预和疏导；同时，加强与学生家长、社会机构的沟通与合作，形成心理支持合力。

（三）推进信息化建设，提高管理效能

高校应加大对学生事务管理信息化建设的投入，完善网络基础设施、数据中心基础设施；同时，引进先进的信息管理系统和工具，提高信息处理和分析能力；打破信息孤岛，实现学生事务管理各部门之间的数据共享与融合；通过数据整合和分析，挖掘学生行为背后的规律和趋势，为管理决策提供有力支持；运用大数据和人工智能技术，对学生数据进行深度挖掘和分析，预测学生可能面临的问题和挑战，提前采取干预措施；同时，通过智能推荐系统为学生提供个性化的服务和建议。

（四）优化资源配置，提高利用效率

高校应根据学生事务管理的实际需求和发展趋势，合理规划人力、物力、财力等资源的配置，并确保关键领域和重点任务得到足够的资源支持；推动校内资源的整合与共享，避免重复建设和资源浪费；同时，积极寻求校外资源的支持和合作；建立健全资源利用评估机制，定期对资源使用情况进行评估和反馈；通过优化流程、提高效率等方式控制资源消耗，降低成本，提高资源利用效率。

（五）加强队伍建设，提升专业能力

高校应加强辅导员的选拔、培训、考核和激励工作，提高辅导员的专业素养和服务能力；同时，鼓励辅导员参与学术研究和社会实践，拓宽视野和思路；还应积极引进心理学、社会学、信息技术等领域的专业人才，鼓励其加入学生事务管理团队，以形成多学科交叉、多领域合作的团队优势；建立有效的团队协作机制和沟通渠道，促进团队成员之间的信息共享和协作配合；通过团队建设和文化活动等方式，增强团队的凝聚力和向心力。

（六）创新管理机制，增强灵活性与适应性

高校应根据不同学生群体的特点和需求，探索灵活多样的管理模式。例如，可以采取导师制或学长制等管理模式对新生进行引导和帮助；对于高年级学生，则可以给他们更多的自由。

高校应密切关注国家政策和法律法规的变化趋势，及时制定符合学校实际和学生需求的管理政策；同时，加强国家政策宣传和解读工作，确保国家政策得到有效执行和落实。

此外，高校还应建立有效的反馈与调整机制，及时收集学生、教师和管理人员的意见和建议，及时处理存在的问题，改进不足，确保学生事务管理机制的不断完善和优化。

（七）加强家校合作，形成教育合力

高校可利用现代信息技术手段建立家校沟通平台，如微信群、QQ 群等。通过平台及时发布学校信息、通知和活动安排等；同时收集家长意见和建议，营造家校互动的良好氛围。

高校还可以通过家长会、家庭教育讲座等形式向家长传授家庭教育知识和方法，帮助家长树立正确的教育观念，提高家庭教育的质量。家校双方应共同关注学生的成长和发展情况；及时沟通学生在校表现和家庭情况；共同制定个性化的教育方案，采取合适的支持措施，以促进学生的全面发展和健康成长。

第二节　辅导员在学生
事务管理中的角色定位

一、辅导员是学生行为的规范者

在高等教育的广阔天地里，辅导员不仅是学生心灵的导师，更是他们行为的规范者与引领者。作为学生成长道路上的重要辅导者，辅导员肩负着塑造学生品德、规范学生行为、促进学生全面发展的重任。他们通过言传身教、制度约束、情感引导等多种方式，引导学生成为有理想、有道德、有文化、有纪律的社会主义建设者和接班人。

（一）角色解读

辅导员是高校学生事务管理制度的具体执行者。他们熟悉学校的各项规章制度，包括学生行为规范、宿舍管理规定、奖惩条例等，并确保这些制度得到有效执行。通过日常的监督、检查和管理，辅导员能够及时发现并纠正学生的不良行为，维护校园秩序和纪律。

辅导员不仅是制度的执行者，更是学生行为的示范者。他们自身的言行举止、道德品质、工作态度等都会对学生产生深远的影响。因此，辅导员必须以身作则，严格遵守各项规章制度，为学生树立榜样，引导学生形成正确的行为习惯和价值观念。

在规范学生行为的过程中，辅导员还扮演着情感沟通者的角色。他们与学生保持密切联系，关注学生的情感变化和心理需求，并及时给予学生关心和支持。通过与学生建立深厚的情感联系，辅导员能够更好地理解学生的行为动机和内心世界，从而更加精准地进行行为规范和引导。

（二）辅导员规范学生行为的措施

规范学生行为的首要任务是建立完善的规章制度体系。辅导员应积极参与学校规章制度的制定和完善工作，确保制度内容的科学性、合理性和可操作性。同时，辅导员还应加强对学生的制度教育，让学生充分了解并认同学校的规章制度，明确自己的行为规范和责任义务。

辅导员应加强对学生的日常管理和监督，确保各项规章制度得到有效执行。辅导员应定期或不定期地对学生的课堂纪律、宿舍卫生、学习状态等进行检查和评估，以便及时发现并纠正学生的不良行为。同时，辅导员还应建立学生行为档案，记录学生的行为表现和奖惩情况，为后续的教育和引导提供依据。在规范学生日常行为的过程中，辅导员应充分考虑学生的个性差异和成长需求，实施个性化教育和引导。辅导员应深入了解学生的家庭背景、兴趣爱好、性格特点等方面的情况，针对不同学生的不同问题制定具体的解决方案。通过个性化的教育和引导，辅导员能够帮助学生更好地认识自己、改正错误、实现自我提升。规范学生行为不仅需要学校的努力，还需要家长的配合和支持。辅导员应加强与家长的沟通与合作，及时向家长反馈学生的在校表现和行为问题，听取家长的意见和建议，通过家校合作的方式，共同规范学生的行为，促进学生的健康成长。

（三）辅导员在规范学生行为中的作用

辅导员通过规范学生的行为，能够维护校园秩序和纪律，促进校园的和谐稳定。辅导员通过严格的管理和监督，可以为学生提供一个安全、有序、文明的学习和生活环境。

规范学生的行为不仅是为了维护校园秩序和纪律，更是为了培养学生的自律意识和责任感。通过规章制度的约束和辅导员的引导，学生能够逐渐形成良好的行为习惯和正确的价值观念，提高自我约束和自我管理的能力。这种自律意识和责任感将伴随学生的一生，对他们的成长和发展产生深远的影响。辅导员在规范学生日常行为的过程中，还注重培养学生的综合素质和创新能力。他们通过个性化的教育和引导，关注学生的兴趣爱好和特长，鼓励学生积极参与各种社会实践活动和志愿服务活动。这些活动不仅能够丰富学生的课余生活，还能够锻炼学生的实践能力、沟通能力和团队协作能力，促进学生的全面发展。

二、辅导员是学生问题的解决者

在高等教育的广阔舞台上，辅导员不仅是学生前行道路上的灯塔，更是学生日常生活中不可或缺的问题解决者。辅导员关注学生的学习、生活、情感乃至职业规划的每一个方面，用智慧、耐心与爱心，为学生驱散迷雾，指引方向，确保每位学生都能在成长的道路上稳步前行。

（一）角色解读

在日常的学习生活中，学生面临着来自学业、人际、情感等多方面的压力与挑战。辅导员作为学生心灵的引导者，首先需要具备较强的同理心和情感洞察力，能够耐心地倾听学生的心声，了解他们内心的困惑。在此基础上，辅导员可以运用心理学知识和沟通技巧，为学生提供心理疏导，帮助他们调整心态，积极面对困难。

面对学生提出的各种问题，辅导员须凭借扎实的专业知识和丰富的实践经验，迅速且准确地洞察问题的本质。无论是学习上的困惑、生活上的难题，还是情感上的波动，辅导员都要能给出有针对性的建议和解决方案，帮助学生走出困境，重拾信心。在解决学生日常问题的过程中，辅导员往往需要运用多方面的资源，包括学校教育资源、社会资源以及学生自身的潜能等。作为资源的整合者与协调者，辅导员需要与学校各部门、社会机构以及学生家长保持密切联系，共同为学生的成长提供全方位的支持和帮助。

（二）辅导员成为学生问题解决者的策略

信任是解决问题的前提和基础。辅导员要想成为学生问题的解决者，首先需要与学生建立起深厚的信任关系。这要求辅导员在日常工作中，要时刻关注学生的需求和变化，积极倾听他们的心声，给予他们足够的关心和支持。同时，辅导员还需要关注与学生的沟通方式，以平等、尊重、理解的态度，与学生建立良好的互动关系，从而搭建起一座畅通无阻的沟通桥梁。

每个学生都是独一无二的个体，他们面临的问题和挑战也各不相同。因此，辅导员在解决学生问题时，需要深入了解每个学生的性格特点、兴趣爱好、家庭背景等情况，从而制定更加个性化和有针对性的解决方案。这要求辅导员具备敏锐的观察力和判断力，能够及时发现学生的潜在问题和需求，并给予及时的关注和帮助。

在解决学生问题的过程中，辅导员需要充分利用各种资源，构建一个全方位的支持系统。这包括学校教育资源、社会资源以及学生自身的潜能等。辅导员需要与学校各部门保持密切联系，共同为学生的成长提供支持和帮助；同时，还需要积极争取社会资源的支持，为学生拓展更广阔的发展空间；此外，辅导员还需要注重培养学生自己解决问题的能力，引导他们学会独立思考和自主决策。

解决学生问题并非一蹴而就的过程，而是需要持续跟踪和反馈。辅导员在为学生提供解决方案后，需要密切关注学生各方面的情况，及时发现问题并进行调整和优化。这要求辅导员具备高度的责任心和敬业精神，能够始终保持对学生问题的关注，确保每个学生都能得到及时的帮助和支持。

（三）辅导员作为学生问题解决者的意义

辅导员作为学生问题的解决者，往往能够及时发现并解决学生成长过程中出现的大部分问题。这有助于促进学生的身心健康，为他们的健康成长奠定坚实的基础。通过辅导员的关心和帮助，学生能够更加自信地面对学习和生活中的挑战，更加积极地投入到学习和生活中去。

辅导员在解决学生问题的过程中，可以与学生建立深厚的情感联系。这种情感联系不仅有助于增进师生之间的了解和信任，还能够激发学生的学习兴趣和动力。学生感受到来自辅导员的关心和支持，会更加珍惜和尊重教师的付出和努力，从而更加积极学习、认真生活。

辅导员作为校园文化的建设者和传播者之一，他们的言行举止和工作态度对校园文化的形成和发展具有重要影响。通过积极解决学生日常问题、关心学生成长和发展等举措，辅导员能够营造积极向上、和谐融洽的校园文化氛围。这种氛围有助于培养学生的集体荣誉感和归属感，增强他们的社会责任感和使命感。

三、辅导员是学生活动的组织者

在高等教育这片广阔的天地里，辅导员作为学校与学生之间不可或缺的桥梁与纽带，承担着多重使命。他们不仅是学生思想政治教育的主力军，更是学生日常活动的精心组织者与热心参与者，以无私的奉献，为学生的全面发展铺就坚实的道路。

（一）角色解读

辅导员的首要职责是对学生进行思想政治教育，但这并不意味着他们的工作场景仅限于课堂或讲座。辅导员可通过主题鲜明、形式多样的活动，如党团日活动、主题班会、志愿服务等，将社会主义核心价值观、爱国主义精神等融入其中，让学生在参与中感悟，在体验中成长，实现思想的升华与价值观的塑造。

辅导员是学生校园生活的"大管家"，他们关注学生在学习、日常起居、心理健康发展等方面的需求。通过组织丰富多彩的课外活动，如文体竞赛、学术讲座、职业规划指导等，辅导员不仅丰富了学生的课余生活，更在潜移默化中帮助学生解决成长中的问题，引导他们合理规划大学生活，培养良好的学习习惯，形成良好的生活态度。辅导员是班级管理的核心，他们通过召开班级会议、制定班级规章制度、指导班委工作等方式，促进班级内部的沟通与协作，增强班级凝聚力。同时，辅导员还注重培养学生的团队合作精神和领导能力，通过团队拓展、项目合作等活动，让学生在实践中学习如何与他人有效沟通、协同工作，为将来步入社会打下坚实的基础。

（二）工作实践：精心策划，创新引领

辅导员在组织日常活动时，始终坚持以学生为本，通过问卷调查、个别访谈等方式，深入了解学生的兴趣爱好、成长需求及心理动态，确保活动设计既符合学校的教育目标，又能贴近学生实际，激发学生参与的热情与积极性。

在信息化、网络化的时代背景下，辅导员积极探索线上线下相结合的活动模式，利用新媒体平台拓宽活动渠道，增强活动的互动性和趣味性。同时，辅导员还注重活动的内涵建设，深入挖掘活动背后的教育意义，使每一次活动都能成为学生成长的宝贵财富。安全是活动顺利进行的前提。辅导员在组织活动时，要始终将安全放在首位，制订详细的安全预案，加强活动前的安全教育，确保学生在参与活动的过程中能够遵守规则、保护自己、尊重他人，从而共同营造一个安全、有序、和谐的活动环境。

四、辅导员是学生成长的引导者

辅导员不仅是学生思想政治教育的中坚力量，更是学生成长道路上的引导者。他们如同灯塔，在学生迷茫时指引方向；又如春雨，在学生成长过程中默默提供养分。辅导员的工作不仅仅是管理与服务，更是一种情感的交流、心灵的触碰与成长的陪伴。

（一）角色解读

在学生面对学业的压力、人际关系的挑战以及未来规划的迷茫时，辅导员往往是其最先寻求帮助的对象。他们耐心倾听学生的心声，理解学生的困惑与烦恼，用温暖的话语和专业的建议为学生提供心理支持和情感慰藉。在这个过程中，辅导员成了学生心灵的港湾，帮助学生重拾信心，勇敢面对生活的挑战。

辅导员深知每位学生的独特性，他们能够通过深入了解学生的兴趣爱好、能力特长及未来规划，为学生量身定制成长方案。无论是学生的学业发展、职业规划，还是学生个人品质的提升，辅导员都在其中扮演着重要的角色。辅导员鼓励学生探索自我、挑战自我，引导学生树立正确的世界观、人生观和价值观，为学生的长远发展奠定坚实的基础。辅导员作为学校思想政治教育的主力军，他们不仅传授知识，更注重价值观的传递与引领。在日常工作中，辅导员通过言传身教、以身作则的方式，将社会主义核心价值观、爱国情怀等厚植到学生心灵深处。他们引导学生关注社会、关心国家大事，培养学生的社会责任感和公民意识，使之成为有理想、有道德、有文化、有纪律的新时代青年。

（二）工作实践：以爱为基，以导为魂

辅导员深知信任是开展工作的基石。他们通过日常关心、个别访谈、班级会议等方式，与学生建立深厚的情感联系和信任关系。在这种和谐融洽的氛围中，学生更愿意向辅导员敞开心扉，分享自己的喜怒哀乐和成长困惑。辅导员则根据学生的具体情况，给予有针对性的指导和帮助。

辅导员注重学生的个性化发展，他们根据学生的兴趣爱好、能力特长及未来规划，提供个性化的成长建议和指导。在学业上，辅导员鼓励学生探索

未知领域、拓宽知识视野；在人际交往中，辅导员引导学生学会沟通、理解与合作；在职业规划上，辅导员帮助学生明确目标、制订计划。通过这些个性化的指导措施，学生的综合素质能得到提升。

辅导员深知实践是检验真理的唯一标准。他们积极组织学生参与各类实践活动，如社会实践、志愿服务、科技创新等。这些活动不仅能丰富学生的课余生活，更能让学生在实践中锻炼能力、增长见识、培养品质。辅导员通过对实践活动的组织与指导，引导学生将理论知识与实践相结合，提升学生的综合素质与创新能力。

（三）影响机制：润物无声，潜移默化

辅导员通过与学生建立深厚的情感联系，激发学生对生活的热爱和对未来的憧憬。他们用自己的亲身经历和人生感悟感染学生，让学生感受到成长的快乐和奋斗的意义。在情感共鸣的基础上，学生更容易产生内在动力，决心去追求自己的目标和梦想。

辅导员不仅是学生的指导者，更是学生的榜样。他们以自己的言行举止为学生树立正面的形象和标准。在日常工作中，辅导员严于律己、以身作则，用自己的实际行动诠释责任与担当。这种榜样示范的作用对学生产生了深远的影响，引领学生形成积极向上的心态。

辅导员注重对学生进行全面、客观的评价。他们不仅关注学生的学业成绩，更关注学生的综合素质和个性发展。在评价过程中，辅导员采用多元化的评价方式，包括自我评价、同伴评价、教师评价等。通过这些评价方式的运用，辅导员能够更全面地了解学生的成长状况和发展需求，从而为学生提供更加精准和有效的指导。

第三节　辅导员的学生事务
管理能力初探

一、学生事务管理能力的相关知识

学生事务管理能力作为高等教育管理领域的一个重要概念，主要是指相关人员对学生非学术性事务的计划、组织、领导与控制等一系列能力。这一能力不仅关乎学生个人成长与发展，也直接影响高校的整体教育质量和办学水平。

（一）学生事务管理能力的构成要素

学生事务管理能力是一个综合性的概念，它涉及多个方面的能力和素质。具体来说，其可以归纳为以下几个方面：

1.规划能力

规划能力是学生事务管理者应具备的首要能力。这要求管理者能够根据学生群体的特点和需求，结合高校的教育目标和资源条件，科学合理地制定学生事务管理的总体规划。规划应具有前瞻性、可行性和可操作性，能够为学生事务管理工作的有序开展提供明确的方向和指导。

2.组织能力

组织能力是指管理者在实施学生事务管理计划时，能够有效地调动和组织各种资源（包括人力、物力、财力等），协调各方面关系，确保各项管理活动顺利进行的能力。这要求管理者具备良好的沟通协调能力、团队协作精神和较强的执行力。

3.领导能力

领导能力是学生事务管理者的核心素质之一。它体现在学生事务管理者能够以身作则、率先垂范，通过自身的言行和影响力来激发团队成员的积极性和创造力；同时，管理者也能够根据团队成员的特点和优势进行合理分工，充分发挥每个团队成员的潜能和价值。

4.服务能力

学生事务管理的本质在于服务学生。因此，服务能力是学生事务管理者不可或缺的能力之一。这要求学生事务管理者能够深入了解学生的需求，积极回应学生关切；同时，也能够为学生提供及时、有效、贴心的服务和帮助，解决学生在学习、生活、心理等方面遇到的问题和困难。

5.创新能力

在快速变化的时代背景下，学生事务管理也需要不断创新和发展。因此，创新能力是学生事务管理者必须具备的重要能力之一。这要求学生事务管理者能够敏锐地捕捉时代脉搏和社会发展趋势，及时调整管理思路和方法；同时，也能够勇于尝试新的管理模式和技术手段，不断推动学生事务管理工作的创新和发展。

（二）学生事务管理能力与辅导员职业发展的关系

在高等教育体系中，学生事务管理能力与辅导员的职业发展之间存在着紧密而复杂的联系。辅导员作为学生事务管理的核心力量，其管理能力不仅直接关系到学生工作的质量和效率，更是影响辅导员个人职业成长和发展的重要因素。

1.辅导员在学生事务管理中的角色

辅导员作为学生事务管理的主体，扮演着多重角色。他们既是学生思想政治教育工作的实施者，又是学生日常事务管理的执行者；既是学生心理健康的守护者，又是学生职业规划的指导者。辅导员的这些角色定位，决定了他们必须具备高度的责任心、使命感和专业素养，以应对学生工作中的各种挑战和困难。

2.学生事务管理能力对辅导员职业发展的影响

在高等教育领域，辅导员的职业竞争力不仅体现在学历和职称上，更体现在实际工作能力上。具备较强学生事务管理能力的辅导员，能够更有效地解决学生的问题，提高工作效率和质量，从而赢得学生和学校的认可。这种认可将转化为辅导员职业发展的动力，为其坚定职业方向提供有力支持。

随着高等教育改革的不断深入和学生事务管理的日益专业化，辅导员的职业发展空间也在逐步拓展。具备较强学生事务管理能力的辅导员，可以根据自己的兴趣和特长，选择从事学生事务管理领域不同岗位的工作，如心理咨询、职业规划、社团指导等。这些岗位不仅为辅导员提供了更多的发展机会和平台，也为其实现个人价值和社会价值提供了广阔的空间。

辅导员学生事务管理能力的提升，有助于其更好地理解和认识自己的工作价值和意义。当辅导员能够成功解决学生问题、帮助学生成长成才时，他们会从中获得成就感和满足感，进而增强对辅导员职业的认同感和归属感。

（三）学生事务管理能力在辅导员工作中的作用

在高等教育体系中，辅导员作为连接学校与学生的桥梁，承担着对学生进行思想政治教育、日常管理、心理健康辅导、职业规划指导等多重职责。而在这一系列复杂而烦琐的工作中，学生事务管理能力显得尤为重要。它不仅直接关系到学生工作的质量和效率，更对辅导员职业发展、学生成长成才以及校园和谐稳定产生深远影响。

具备较强的学生事务管理能力是辅导员顺利开展工作的基础。面对数量众多、需求多样的学生群体，辅导员需要具备出色的组织、协调、决策和执行能力，以确保学生工作的有序进行。从日常的学生考勤、宿舍管理、奖助学金评定，到紧急事件的应对处理，每一项工作都需要辅导员具备较强的学生事务管理能力。只有这样，才能确保学生工作的各个环节紧密相连，进而为学生提供一个良好的学习和生活环境。

辅导员学生事务管理能力的高低还直接关系到学生能否全面发展。辅导员作为学生成长道路上的引路人，需要关注学生的思想动态、学习状况、心理健康状况以及职业规划等多个方面的内容。通过有效的学生事务管理，辅导员可以及时发现并解决学生面临的问题和困难，为学生提供个性化的指导和帮助。例如，在职业规划方面，辅导员可以通过组织职业讲座、模拟面试等活动，帮助学生明确职业目标、提高就业竞争力；在心理健康方面，辅导员可以通过开展心理健康教育、提供心理咨询等方式，帮助学生缓解压力、调整心态。这些工作都需要辅导员具备较强的学生事务管理能力，以确保工作的针对性和有效性。

辅导员学生事务管理能力对于维护校园和谐稳定也具有重要意义。辅导员作为学生工作的直接责任人，需要具备较强的危机应对能力和冲突解决能力。通过有效的学生事务管理，辅导员可以及时发现并化解学生之间的矛盾和冲突，防止事态扩大。同时，辅导员还可以通过开展丰富多彩的校园文化活动、加强学生社团建设等方式，增进学生之间的交流和了解，营造和谐融洽的校园氛围。这些工作都需要辅导员具备较强的学生事务管理能力，以确保校园的安全稳定。

学生事务管理能力还是辅导员职业发展的重要支撑。随着高等教育改革的不断深入和学生事务管理的日益专业化、精细化，辅导员需要具备更高的专业素养和综合能力才能胜任该工作。学生事务管理能力作为辅导员专业素养的重要组成部分，对于提高辅导员的职业竞争力、拓展辅导员的职业发展空间具有重要意义。通过不断提高学生事务管理能力，辅导员可以更加高效地开展工作、更好地满足学生需求，进而赢得学生和学校的认可和支持。这将为辅导员的职务晋升、职称评定等提供有力支持。

学生事务管理能力的提高还有助于提升辅导员的工作满意度和成就感。

当学生事务管理能力得到有效提高时，辅导员可以更加从容地应对工作中的各种挑战和困难，减少工作中的失误和疏漏。这将使辅导员在工作中更加得心应手、游刃有余，从而增强其工作自信心和成就感。同时，当学生问题得到有效解决、学生需求得到满足时，辅导员也会从中获得成就感和满足感。这种成就感和满足感将激励辅导员更加积极地投入工作，不断提高自己的专业素养和工作能力。

学生事务管理能力的提高还有助于促进辅导员教育理念的更新。随着时代的发展和社会的进步，教育理念也在不断更新。辅导员作为学生工作的直接参与者和实践者，需要紧跟时代步伐、更新教育理念、创新工作方法。而学生事务管理能力的提高正是实现这一目标的重要途径之一。通过不断学习和实践锻炼，辅导员可以更加深入地理解教育理念的内涵和要求，将其转化为具体的行为准则，进而提高教育工作的质量。

二、辅导员学生事务管理能力的基本内容

辅导员的学生事务管理能力作为高等教育管理体系中的重要组成部分，直接关系到学生的全面发展和学校整体教育质量的提升。这一能力不仅要求辅导员具备扎实的专业知识和技能，还要求辅导员拥有出色的组织、协调、决策和服务等多方面的能力。

（一）专业知识与政策法规素养

辅导员应具备学生事务管理、心理学、教育学、社会学等相关领域的专业知识。这些知识有助于他们科学制定管理策略，有效解决问题。同时，随着教育改革的不断深入和学生事务的日益复杂化，管理者还需要不断更新和拓展自己的知识体系，以适应新形势下的管理要求。

学生事务管理涉及众多政策法规，如学生管理规定、奖助学金评定办法、

心理健康教育实施细则等。辅导员必须熟悉这些政策法规，以确保管理行为的合法性与合规性，维护学生的合法权益；同时，还应密切关注国家及地方教育部门发布的最新政策，并据此适时调整管理策略，以确保工作的适应性和政策执行的准确性。

（二）组织协调能力

学生事务管理是一个复杂的系统工程，需要多个部门和人员的共同协作。辅导员应具备良好的团队协作能力，能够协调各方资源，促进团队合作，确保管理工作的顺利进行。此外，辅导员还应注重团队建设和人员培养，提高团队整体素质和管理水平。

辅导员要能够充分整合学校内外的各种资源，包括人力、物力、财力等，为学生事务管理提供有力支持。在资源整合过程中，辅导员要注重资源的优化配置，确保资源的最大化利用。

（三）决策与应变能力

辅导员在面对复杂多变的管理情境时，应具备科学决策的能力。这要求他们能够根据问题的性质、约束条件，运用科学的方法和手段进行分析和判断，选择最优的解决方案。同时，他们还应注重决策的民主性和透明度，确保决策的科学性和合理性。

在管理工作中，突发事件时有发生，辅导员应具备较强的应变能力，能够迅速应对各种突发事件。在应对过程中，辅导员要保持冷静和理智，迅速分析问题的本质和关键点，制定有效的应对措施和解决方案，确保事态得到及时控制。

（四）服务意识与沟通能力

辅导员应树立以学生为本的服务理念，将学生的需求和利益放在首位。

在管理过程中，辅导员要注重服务质量的提升和服务方式的创新，为学生提供更加便捷、高效、贴心的服务；同时，还应注重培养学生的自我管理和自我服务能力，引导他们积极参与学校的管理和服务工作。

较强的沟通能力是辅导员必备的基本素质之一。辅导员需要与不同背景和具有不同需求的学生进行有效沟通，以了解他们的思想动态和实际需求；同时还需要与学校各部门、家长、社会等各方进行有效沟通，协调解决各种问题。在沟通过程中，辅导员要注重语言表达的准确性和恰当性，注重倾听和理解对方的观点和诉求，建立良好的沟通机制。

（五）创新与发展能力

随着社会的不断发展和教育改革的不断深入，学生事务管理也面临着新的挑战和机遇。辅导员应具备创新意识，能够把握时代脉搏，敏锐捕捉社会变革，及时调整管理思路和方法，创新管理模式和手段，以适应新形势下的学生事务管理要求。

辅导员还应具备长远的发展眼光和较强的规划能力，应根据学校的发展目标和战略定位制定学生事务管理的整体规划，明确发展目标和任务路径，确保管理工作的持续性和稳定性；同时，还应注重规划的可行性和可操作性，确保规划得到有效实施，并取得预期效果。

（六）心理素质与职业道德

学生事务管理工作压力大、任务重，对辅导员的心理素质提出了较高要求。辅导员应具备较强的心理承受能力和抗压能力，能够在压力下保持冷静和理智，能有效应对各种挑战和困难。同时，辅导员还应注重自我调节和情绪管理，保持良好的心态。

职业道德是辅导员必须具备的职业品质。辅导员应具备良好的职业道德，坚守职业操守和道德规范，维护学校和学生的合法权益。在学生事务管理工作中，辅导员要坚持公正、公平、公开的原则，尊重每一个学生，维护良好的师生关系和校园秩序。

第四节　辅导员的学生事务
管理能力提升路径

一、加强理论学习，掌握关键知识点

在高等教育体系中，辅导员的角色至关重要。他们不仅是学生思想的引路人、学业的指导者，更是学生生活的管理者。为了更有效地履行学生事务管理的职责，辅导员必须不断加强理论学习，深入掌握学生事务管理的基本理论和知识。

（一）理论学习的重要性

随着社会的快速发展和高等教育的普及，学生群体的多样性和复杂性日益增强。学生对辅导员的需求不再局限于学业上的帮助，更包括心理健康、职业规划、人际交往等多个方面。辅导员只有加强理论学习，才能更全面地理解学生的需求，为其提供更精准的服务。

学生事务管理是一项综合性很强的工作，涉及心理学、教育学、社会学、管理学等多个学科。辅导员只有通过系统学习相关理论和知识，才能不断提高自己的专业素养和管理能力，更好地应对工作中的各种挑战。理论学习不仅是为了应对工作需求，更是辅导员个人成长与发展的重要途径。通过学习，辅导员可以拓宽视野、更新观念、提高思维能力和创新能力，为未来的职业发展奠定坚实的基础。

（二）学生事务管理的基本理论

思想政治教育是辅导员工作的核心。辅导员需要掌握马克思主义基本原理、中国特色社会主义理论体系等思想政治教育的基本理论，引导学生树立正确的世界观、人生观和价值观。

心理学理论在学生事务管理中具有重要作用。辅导员需要了解学生的心理发展规律、心理问题的成因及解决方法等，以便更好地开展心理健康教育、心理咨询和危机干预等工作。

教育学和管理学理论为辅导员提供了学生事务管理的基本思路和方法。辅导员需要了解教育的基本规律、教育管理的原则和方法等，以便更有效地开展学业指导、班级管理、活动组织等工作。

此外，辅导员还需要掌握相关的法律法规和政策知识，如《中华人民共和国高等教育法》，以确保自己的工作方式合法合规，并为学生提供相关的指导和帮助。

（三）掌握关键知识点

辅导员需要了解不同年龄段、不同性别、不同专业背景学生的心理发展规律与特点，以便更有针对性地开展心理健康教育和心理咨询工作。例如，大一新生可能面临适应新环境、建立新人际关系的挑战；而毕业生则可能面临就业压力、职业规划等问题。

危机干预是辅导员工作中不可或缺的一部分。辅导员需要掌握危机干预的基本原则、步骤和技巧，以便在危机事件发生时能够迅速响应、妥善处理。同时，辅导员还需要了解常见的心理危机类型及其应对策略。

学业指导和职业规划是辅导员工作的重要内容。辅导员需要了解不同专业的课程设置、学习要求及就业前景等信息，以便为学生提供个性化的学业指导和职业规划建议。同时，辅导员还需要掌握职业规划的基本理论和方法，如 SWOT 分析、职业兴趣测试等。

班级管理和活动组织是辅导员日常工作的重要组成部分。辅导员需要了解班级管理的基本原则和方法，如民主管理、目标管理等；同时还需要掌握活动组织的基本流程和技巧。

二、注重实践锻炼，积累管理经验

在高等教育体系中，辅导员作为学生事务管理的重要力量，必须注重实践锻炼，通过参与各类实践活动来积累经验，不断提高自身的学生事务管理能力。

（一）实践锻炼的重要性

理论知识是辅导员工作的基础，但仅有理论知识是远远不够的。实践是检验真理的唯一标准，也是将理论知识转化为实际能力的关键途径。通过实践锻炼，辅导员可以将所学理论知识应用于实际工作中，加强对理论知识的理解和运用。

每个学生都是独一无二的个体，他们的问题和需求也各不相同。辅导员在实践中会遇到各种各样的问题。通过处理这些问题，辅导员可以逐渐掌握应对不同情况的方法和技巧，为未来有效开展学生工作打下坚实的基础。实践锻炼不仅有助于提高辅导员的专业素养，还能锻炼其组织能力、沟通能力、应急处理能力等多方面的综合素质。这些素质对于辅导员来说至关重要，是其做好学生工作的必备条件。

（二）实践活动的类型

学生日常管理是辅导员最基本的实践活动，包括班级建设、学风建设、宿舍管理、考勤管理等各个方面的内容。通过日常管理，辅导员可以深入了解学生的学习和生活状态，及时发现并解决问题。

随着社会对心理健康问题的日益重视，心理健康教育与咨询已成为辅导员工作的重要组成部分。辅导员可以通过组织心理健康讲座、开展心理测评、提供个别心理咨询等方式，帮助学生解决心理问题，提高心理素质。职业规划与就业指导是辅导员帮助学生顺利就业的重要途径。辅导员可以通过开设职业规划课程、组织就业指导活动、提供就业信息等方式，帮助学生明确职业方向，提高就业竞争力。校园文化活动是学生校园生活的重要组成部分。辅导员可以积极参与校园文化活动的策划和组织工作，为学生提供展示自我、锻炼能力的平台。同时，辅导员还可以指导学生社团的工作，帮助学生社团健康发展。

（三）在实践中学习与成长

在实践活动中，辅导员要养成反思与总结的习惯。每次活动结束后，都要认真回顾整个过程，分析成功经验和不足之处，总结经验教训。通过反思与总结，辅导员可以不断改进自己的工作方法和技巧，提高工作效率和质量。

辅导员之间要加强交流与分享。每个辅导员都有自己的工作方法和经验，通过相互交流，他们能够相互学习、取长补短。同时，辅导员还可以将自己的经验和心得分享给同事，与同事共同成长和进步。在实践中遇到难题时，辅导员要积极寻求专业指导，可以向资深辅导员请教、参加专业培训或咨询相关专家等。通过专业指导，辅导员可以更快地掌握解决问题的方法和技巧，提高自己的专业素养和管理能力。

（四）将实践经验转化为管理能力

基于实践经验，辅导员可以制订更加科学、合理的管理计划。在制订计划时，辅导员应充分考虑学生的实际状况和需求，并明确管理的目标、任务以及具体方法。通过制订科学的管理计划，辅导员可以更加有序、高效地开展工作。

在实践中，辅导员要不断创新管理方法和手段：可以尝试引入新的管理理念和技术手段，如信息化管理、个性化服务等；也可以借鉴其他领域的成功经验和方法，将其应用于学生事务管理中。通过创新管理方法和手段，辅导员可以不断提高自己的管理水平和管理效率。

沟通是管理的核心。辅导员要建立有效的沟通机制，与学生、家长、同事等各方保持密切联系和及时沟通。通过沟通，辅导员可以及时了解学生的需求和困惑，也可以收集各方意见和建议，为制定更加合理、有效的管理方案提供依据。同时，沟通还可以增强辅导员与学生之间的信任和理解，为营造良好的校园氛围打下基础。

职业素养是辅导员学生事务管理能力的重要组成部分。辅导员要具备高尚的职业道德、端正的职业态度和崇高的职业精神等。实践锻炼可以提升辅导员的职业素养，使其更加关注学生的成长和发展，更加关注学生的心理健康和权益保障等。同时，职业素养的提升可以增强辅导员的责任感和使命感，使其更加努力地做好学生事务管理工作。

三、参加专业培训，学习先进理念和方法

随着教育理念的更新和学生需求的多样化，辅导员必须不断自我提升，以应对新的挑战和机遇。其中，参加专业培训，学习先进的学生事务管理理念和方法，是辅导员实现专业成长的重要途径。

（一）专业培训的必要性

当今社会，科技迅猛发展，信息爆炸式增长，学生的思想观念、行为模式和价值取向都发生了深刻变化。这些变化对辅导员的工作提出了更高的要求。通过专业培训，辅导员可以及时了解教育领域的新动态、新趋势，掌握先进的管理理念和方法，从而更好地适应时代发展需求，为学生提供更加精准、有效的指导和服务。

辅导员工作涉及思想政治教育、心理健康教育、职业规划指导等多个领域，因此，他们需要具备丰富的知识储备和专业的技能。然而，在实际工作中，很多辅导员可能因缺乏系统学习和实践经验而难以胜任某些工作。通过参加专业培训，辅导员可以系统地学习相关理论知识，掌握专业技能，提升自身专业素养，从而更好地履行工作职责。除此之外，参加专业培训还能为辅导员个人职业发展提供有力支持。在培训过程中，辅导员可以结识同行专家、学者和优秀辅导员，丰富人脉资源；同时，辅导员通过展示自己的工作成果和经验，可以获得更多的机会。这些都将为辅导员未来的职业发展奠定坚实的基础。

（二）专业培训的内容与形式

1.培训内容

辅导员要深入学习马克思主义基本原理、中国特色社会主义理论体系等思想政治教育理论，掌握思想政治教育的基本方法和技巧；了解心理健康教育的基本理论和原则，掌握心理测评、心理咨询等专业技能，学习如何识别和处理学生常见的心理问题。

另外，辅导员也要学习职业规划的基本理论和方法，了解就业市场的最新动态和发展趋势，掌握为学生提供个性化职业规划建议和就业指导的技巧；学习班级管理的基本原则和方法，掌握活动组织策划、宣传推广和执行监督等技能，增强班级凝聚力和活动效果；了解与学生工作相关的法律法规和政策规定，确保工作合法、合规。

2.培训形式

专业培训的形式应多样化，以满足不同辅导员的学习需求。常见的培训形式包括：

线上培训：利用网络平台进行远程学习，具有时间灵活、资源丰富等优点。辅导员可以根据自己的时间和兴趣选择适合自己的课程进行学习。

线下培训：组织面对面的培训班或研讨会，邀请专家、学者和优秀辅导员进行授课和分享经验。线下培训有助于加强辅导员之间的互动和交流，能增强辅导员的学习效果。

实践研修：组织辅导员到先进学校或企业进行实践研修，亲身体验和学习先进的管理理念和方法。实践研修有助于辅导员将理论知识与实际工作相结合，提高实践能力。

（三）学习先进管理理念和管理方法的重要性

先进的管理理念和管理方法往往代表着教育领域的最新成果和发展趋势。通过学习先进的管理理念和管理方法，辅导员可以更新教育观念，摆脱传统思维模式的束缚，以更加开放、包容的态度面对学生工作。

先进的管理理念和管理方法往往具有更强的科学性和实用性。通过学习这些理念和方法，辅导员可以掌握更加高效、便捷的工作方式，从而提高工作效率和工作质量。例如，运用信息化管理手段可以简化工作流程、提高工作效率；采用个性化服务策略可以满足不同学生的个性化需求，增强服务效果。先进的管理理念和管理方法注重以学生为中心、关注学生的全面发展。通过学习这些理念和方法，辅导员可以更加关注学生的成长和发展需求，提供更加精准和有效的指导和服务。

（四）将学习成果有效地运用到实际工作中

在参加专业培训后，辅导员要认真总结自己的学习成果和收获。辅导员要通过回顾学习过程、分析学习成果、总结经验教训等方式，加深对先进管理理念和管理方法的理解和掌握程度；同时，要结合自身工作实际情况进行反思和审视，找出自身的不足之处并采取相应的改进措施。

将学习成果运用到实际工作中需要辅导员积极应用所学知识。在日常工作中，辅导员要勇于尝试新的工作方法和工作技巧，将所学理论知识与实际工作相结合，通过实践应用不断检验和完善所学知识，提高自身的工作水平。与其他辅导员进行交流和分享是辅导员提升自身实际工作能力的重要途径之一。辅导员可以积极参加各种交流活动，分享自己的工作经验和心得体会；同时，也要虚心向其他辅导员学习他们的有效做法。通过交流分享，辅导员可以拓宽视野、拓展思路、提升能力水平。

第四章　辅导员的学生职业发展
指导能力培养

第一节　学生职业发展能力的基本理论

一、职业发展能力的内涵

职业发展能力是指个体在职业生涯中所需的各种技能和素质的总和，它是个体成功就业和实现职业目标的基础。

职业发展能力是学生进入职场后最直接的竞争力，主要表现在以下方面：了解自己的能力、兴趣和价值观，制定符合自身特点的职业规划；与同事、上级、客户等建立良好关系，进行有效沟通与合作；面对复杂问题时能够提出新颖见解，有效解决问题；合理安排时间，保持良好的工作状态，同时具备自我激励和抗压能力。

高校作为人才培养的摇篮，首要任务是为学生提供丰富的学科知识，培养其专业能力。这些知识和能力是学生未来职业发展的基石，也是高校教育质量的核心体现。通过优化课程设置、改进教学方法、加强实践教学等手段，高校能够不断提高学生的专业知识水平和技能应用能力，为学生进入职场打下坚实的基础。除学科知识和专业能力外，人文素养和综合能力也是学生职业发展不可或缺的重要素质。高校在培养学生专业技能的同时，还应注重培养其文化素养、创新能力、团队协作能力、沟通能力等。这些素养和能力能够帮助学生更好地适应职场环境，提高职业竞争力，实现个人价值的最大化。

二、提升学生职业发展能力的重要性

（一）提升学生职业发展能力有助于其未来就业

在当今社会，随着教育水平的普遍提高和就业市场的竞争日益激烈，学生的职业发展能力已成为决定其未来就业前景的关键因素。职业发展能力不仅包括专业知识与技能，还包括自我认知、人际交往、创新思维、解决问题等多方面的能力。

在竞争激烈的就业市场中，具备扎实的专业知识和技能的学生更容易受到用人单位的青睐。同时，较强的自我认知能力和职业规划能力可以使学生能够更准确地定位自己的职业方向，减少求职过程中的盲目性。此外，较强的人际交往能力和团队协作能力也是用人单位看重的重要素质，它们能够帮助学生更快地融入团队，提高工作效率。

职业发展能力强的学生通常具备更强的适应性和创新能力，能够更快地适应新环境。这种能力不仅使他们能够在传统行业中脱颖而出，还能够帮助他们开辟更多的就业渠道。例如，在信息技术、生物医药、新能源等新兴行业中，具备创新思维和解决问题能力的学生更容易获得就业机会。职业发展能力强的学生在工作中往往能够更快地成长和进步，获得更多的职业晋升机会。他们不仅能够在现有岗位上表现出色，还能够主动承担更多责任和挑战，提升自己的职业地位和影响力。

职业发展能力不仅关乎学生的就业和职业发展，更关乎其个人成长和人生价值的实现。通过不断提高自己的职业发展能力，学生可以更好地认识自己、发掘潜力、实现自我价值。同时，他们也能够为社会做出更大的贡献，实现个人与社会的双赢。

（二）提升学生职业发展能力对高校教育有重要贡献

在当今社会，高等教育已不再是单纯的知识传授，而是更加注重学生综合素质与职业发展能力的培养。学生职业发展能力的高低不仅关系到学生个人未来就业与职业发展情况，更是衡量高校教育质量高低的重要指标之一。

要提升学生职业发展能力，高校教育就必须紧密贴合市场需求和行业发展趋势。通过市场调研、就业指导等方式，高校能够及时了解行业动态和用人单位需求，调整和优化专业设置和课程内容，增强教育的针对性和实效性。这种以市场需求为导向的教育模式，不仅能够提高学生的就业竞争力，还能够提高高校教育与社会经济发展的契合度。

为了更好地提升学生的职业发展能力，高校还需要不断探索和实践新的教育模式和方法。例如，开展校企合作、实习实训、创新创业等教学活动，为学生提供更多的实践机会和平台；采用项目式学习、翻转课堂等现代教学手段，激发学生的学习兴趣和主动性；加强师资队伍建设，提高教师的教学水平和专业素养等。这些举措不仅能够提高学生的综合素质和职业能力，还能够推动高校教育模式的创新与发展，提高教育质量。

提升学生职业发展能力最直接的效果就是增强了学生的就业竞争力和职业发展潜力。具备扎实专业知识、良好人文素养和综合能力的学生在求职过程中更容易受到用人单位的青睐；同时，他们也能够更快地适应职场环境、融入团队文化、展现个人价值。这不仅有助于学生在初入职场时脱颖而出，还能够为他们的长期发展奠定坚实的基础。当高校培养出的学生在职场中表现出色、取得显著成就时，会自然而然地提升高校的知名度和美誉度。这种正面效应能够吸引更多的优秀学生报考该校，更多的用人单位前来招聘毕业生，更多的社会资源和资金注入高校等。这些因素的共同作用将进一步提升高校的教育质量和综合实力。

（三）提升学生职业发展能力对社会经济发展有重要意义

在社会快速变化的今天，社会经济的发展不仅依赖科技创新和产业升级，更离不开高素质、高技能的人才支撑。学生作为未来社会建设的主力军，提升其职业发展能力不仅关乎个人成长，更对社会经济的可持续发展具有深远的意义。

1.提高劳动力素质，促进产业升级

随着全球化和信息化进程的不断加快，经济结构不断调整优化，新兴产业不断涌现，传统产业也在不断转型升级。在这一过程中，社会对人才的需求也发生了深刻变化，更加注重人才的创新能力、跨界融合能力和持续学习能力。通过系统地培养学生的职业发展能力，高校能够为社会输送具备这些能力的高素质人才，为产业升级和经济结构调整提供有力的人才保障。

教育系统的调整速度往往滞后于劳动力市场的变化速度。高校强化学生职业发展能力培养，能使学生具备更广泛的专业知识和技能、更强的自主学习能力和创新能力，以及更高的职业素养和更强的团队协作精神，从而使学生能够更快地适应市场变化，增强在劳动力市场上的竞争力。这不仅有助于缓解就业压力，还能促进人力资源的优化配置，推动社会经济的持续、健康发展。

2.激发创新活力，驱动经济增长

创新是引领发展的第一动力。在提升学生职业发展能力的过程中，高校要注重培养学生的创新思维和实践能力，鼓励学生勇于尝试、敢于创新。这些具有创新精神和创新能力的人才，将在未来的工作和生活中不断提出新思想、新观点、新方法，推动科技进步和产业变革，为经济增长注入源源不断的动力。科技成果的转化是创新驱动发展战略的重要环节。提升学生职业发展能力，能使他们具备将理论知识应用于实践的能力，从而更好地参与科研项目和技术创新活动。同时，加强校企合作、产学研结合，能为学生提供更多的实践机会，促进科技成果向现实生产力的转化，推动社会经济的高质量

发展。

3.优化资源配置，促进可持续发展

提升学生职业发展能力不仅有助于个体整体能力的提升，更有助于人力资源的优化配置。科学有效的职业规划教育、个性化的人才培养方案以及高质量的就业指导服务，能够帮助学生更好地选择适合自己的职业道路和发展方向。这有助于减少人力资源的浪费和错配现象，提高人力资源的利用效率和社会经济效益。面对全球气候变化和环境资源压力日益增加的挑战，绿色产业和可持续发展已成为社会经济发展的重要趋势。高校通过加强对学生的环保意识和可持续发展理念的教育，引导学生关注生态环境、资源节约和循环经济等领域的发展机遇和挑战，鼓励他们投身绿色产业和环保事业，将有助于促进绿色产业的发展和可持续发展目标的实现。

4.增强社会凝聚力，促进社会和谐稳定

提升学生职业发展能力，将为社会培养出一批具备良好职业素养和道德品质的优秀人才。这些人才在未来的工作中将展现出高度的责任心和使命感，为社会创造更多的价值和财富。同时，他们也将成为家庭和社会的中坚力量，带动家庭和社会整体幸福感的提升。这将有助于增强公众对教育的满意度和对社会的认同感，促进社会和谐稳定。

教育公平是社会公平正义的重要体现。加强学生职业发展能力培养，能够为来自不同背景的学生提供平等的发展机会，有助于打破地域、家庭等因素的限制。这将有助于缩小社会贫富差距，促进社会公平正义的实现。同时，具备良好职业发展能力的学生也有可能更加关注社会弱势群体和公益事业，积极参与志愿服务和社会公益活动，为社会和谐稳定贡献力量。

三、提升学生职业发展能力的策略

（一）高校方面

高校应将职业规划教育纳入必修课程体系，通过开设职业规划课程、组织职业规划讲座等方式，帮助学生了解自我、明确职业目标、制定职业规划。同时，高校还应加强与用人单位的联系和合作，为学生提供更多的实习实训机会和就业指导服务。

高校应根据市场需求和行业发展趋势调整和优化专业设置和课程内容，确保课程内容的前沿性和实用性。同时，高校还应积极探索新的教学方法，如项目式学习、翻转课堂等，激发学生的学习兴趣和主动性，提高教学质量。实践教学是提升学生职业发展能力的重要途径。高校应加强与企业的合作与交流，建立稳定的实习实训基地和校企合作平台，通过组织学生参加实习实训、社会实践等活动，让学生了解职场环境和工作流程，提高实际操作能力和职业素养。

高校在培养学生专业技能的同时还应注重其综合素养的提升。高校可通过组织丰富多彩的校园文化活动和社会实践活动等方式提升学生的文化素养、道德品质、团队协作能力等。综合素养的提升有助于学生在职场中更好地与人相处、合作与沟通。教师是提升高校教育质量的关键因素之一。高校应加大师资队伍建设力度，引进和培养一批具有较强教学能力的教师，通过加强教师培训、提高教师待遇等方式激发教师的工作积极性和创造性，为提升学生的职业发展能力提供有力保障。

（二）学生方面

学生应深入了解所学专业的就业前景和未来发展趋势，有针对性地学习专业知识和技能。学生可通过参加学术讲座、研讨会等活动，了解行业前沿动态，提升专业素养；应积极参与实践课程、实习和实践项目等，将所学知识应用于实际工作中，提高专业技能；应通过自我评估、职业测试等方法了解自己的能力、兴趣和价值观，明确自己的职业目标和方向；在制定职业规划时，学生要充分考虑自身条件和市场需求，同时要保持对职业市场的敏感性，及时调整和优化职业规划。

学生可以通过加入学生组织、参与社团活动等方式锻炼组织协调能力和领导能力。学生应培养批判性思维，学会分析问题、提出假设并加以验证；可通过参加创新竞赛、科技比赛等活动培养创新思维和提高解决问题的能力。学生在日常学习和生活中也要保持好奇心和求知欲，勇于尝试新事物和挑战自我。学生应制订合理的学习计划和工作计划，合理安排时间并保持积极向上的心态；同时，要培养较强的抗压能力，以应对工作和生活中的各种挑战。

第二节　辅导员在学生职业发展
能力培养中的角色

在高等教育体系中，辅导员作为连接学校与学生之间的桥梁，扮演着至关重要的角色。他们不仅是学生思想的引领者，更是学生职业发展道路上的指导者和支持者。随着就业市场的日益复杂和多变，学生职业发展能力的培养已成为高等教育不可忽视的重要方面。

辅导员首先是学生职业规划的指导者。他们应帮助学生了解自我，明确自己的兴趣、能力和价值观，引导学生根据自己的特点制定合理的职业规划。通过开设职业规划课程、组织职业测评活动、邀请行业专家举办讲座等方式，辅导员能为学生提供丰富的职业信息和资源，帮助学生拓宽视野，了解不同行业的发展趋势和就业前景。此外,辅导员还承担着学生职业技能培养的责任。他们应关注学生的专业技能和通用技能的培养,鼓励学生积极参与实践活动,从而提升自己的动手能力和解决实际问题的能力。同时,辅导员还可以组织职业技能培训、模拟面试等活动,帮助学生掌握求职技巧和职场礼仪,为未来的就业做好充分准备。

在职业发展过程中,学生可能会遇到各种挑战和困难,如就业压力、职业困惑等。辅导员应成为学生职业发展的支持者,关注学生的心理健康状况,及时发现并解决学生的心理问题。通过个别咨询、团体辅导等方式,辅导员可以帮助学生建立积极的职业心态,增强自信心和抗压能力,使学生能够以更加积极的心态和坚定的信念面对职业发展的挑战。辅导员还可以引导学生关注招聘信息、参加招聘会等,帮助学生及时获取就业信息并做出明智的职业选择。

一、辅导员是学生职业规划的指导者

随着社会对人才需求的多元化和精细化,辅导员在学生职业规划中的指导作用日益凸显。他们不仅是学生心灵的灯塔,更是学生职业规划道路上的领航者,能为学生指引方向,助力其实现个人价值与社会价值的和谐统一。

(一)辅导员在学生职业规划中的定位

辅导员的工作贯穿学生大学生活的始终,从入学教育到毕业指导,学生在每一个关键节点都离不开辅导员的陪伴与引导。在职业规划方面,辅导员更是学生的陪伴者,他们不仅在学生初入校园时帮助学生认识自我、了解专业,更在学生面临职业选择、就业准备等关键时刻提供必要的支持和帮助。

虽然辅导员并非职业规划领域的专家,但他们通过不断学习和积累,能够掌握一定的职业规划理论和技能,为学生提供专业的指导。辅导员可以利用自身的工作经验、人生阅历以及对社会就业形势的了解，为学生提供个性化的职业规划建议，帮助学生明确职业目标，制定职业规划。

辅导员作为学校与学生之间的桥梁，拥有丰富的资源和人脉。在职业规划方面，辅导员可以整合校内外资源，如邀请企业管理者、行业专家来校讲座，组织学生参加招聘会、实习实训等，为学生提供更多的实践机会和就业渠道。同时，辅导员还可以利用学校就业指导中心提供的资源，为学生提供专业的职业测评、简历制作、面试技巧等方面的培训和指导。

（二）辅导员在学生职业规划中的职责

职业规划的第一步是认识自我。辅导员需要通过谈心谈话、问卷调查等方式，帮助学生了解自己的兴趣、性格、能力等方面的特点，引导学生明确自己的职业倾向和优势领域。同时，辅导员还需要帮助学生认识到自己的不足和需要改进的地方，鼓励学生积极面对挑战，不断提升自我。

职业规划的第二步是了解行业市场。辅导员需要引导学生关注行业动态、市场需求和职业发展趋势，帮助学生了解不同职业的特点、要求和发展前景。同时，辅导员还要鼓励学生积极参加社会实践、志愿服务等活动，为未来的职业发展打下坚实的基础。在认识自我和了解行业市场的基础上，辅导员需要协助学生制定符合自身特点的职业规划。学生在进行职业规划时难免会遇到挫折和困难。辅导员需要关注学生的心理健康和情感状态，及时给予心理支持和情感关怀。辅导员可以通过谈心谈话、心理辅导等方式帮助学生缓解压力、调整心态，让学生以积极向上的心态面对制定职业规划过程中遇到的挑战。

（三）辅导员指导学生进行职业规划的策略

每个学生都是独一无二的个体，他们的职业规划需求也各不相同。因此，辅导员需要采用个性化指导的策略，针对学生的不同情况提供差异化的指导服务。这要求辅导员深入了解学生的个性特点、兴趣爱好和职业规划需求等方面的信息，制定个性化的指导方案。

案例分析是辅导员在对学生进行职业规划指导时常用的一种策略。辅导员可以通过分析成功或失败的职业规划案例，帮助学生了解职业规划的重要性和方法技巧。同时，辅导员还可以引导学生分析自己的职业规划方案，发现不足之处并加以改进，从而制定更加科学合理的职业规划方案。制定职业规划是一个系统工程，需要多方面的协作和支持。辅导员可以组织学生成立职业规划小组或社团，通过团队协作的方式开展制定职业规划的活动。这不仅可以增强学生的团队协作能力和沟通能力，还可以让学生在交流互动中相互启发、共同进步。

（四）辅导员在学生职业规划中的影响

通过职业规划指导与咨询服务，辅导员可以帮助学生明确职业目标和发展方向，激发学生的学习动力和积极性。同时，辅导员还可以引导学生关注个人成长与全面发展的关系，鼓励学生积极参加各种实践活动和社团活动。这将有助于促进学生的全面发展和综合素质的提高。

职业规划指导与咨询服务可以帮助学生更好地了解市场需求和就业形势，制定合理的职业规划方案并付诸实践。通过职业规划指导与咨询服务，学生可以更加清晰地认识自己的职业优势和不足，并采取相应的措施加以改进和提升；同时，他们还可以积累更多的实践经验和职业技能，为未来的职业发展打下坚实的基础。

辅导员作为学校与学生之间的桥梁和纽带，在职业规划指导与咨询服务中发挥着重要的作用。通过邀请企业管理者、行业专家来校讲座或座谈交流等方式，辅导员可以促进学校与社会的联系和沟通。这将有助于学校及时了解社会需求和人才市场动态，并据此调整专业设置和人才培养方案；同时也有助于企业了解学校的人才培养情况和学生的综合素质水平，从而更好地选拔优秀人才。职业规划指导与咨询服务不仅关系到学生个人的成长与发展，更关系到社会的和谐与稳定。通过为学生提供科学合理的职业规划指导与咨询服务，辅导员可以帮助学生更好地适应社会发展需求和就业形势变化，从而减少失业和就业不稳定等社会问题的发生。同时，职业规划指导与咨询服务还有助于引导学生树立正确的价值观和职业观，增强社会责任感和使命感，为社会和谐发展贡献力量。

二、辅导员是学生职业发展的支持者

在高等教育的广阔舞台上，辅导员不仅是学生日常学习与生活的贴心伙伴，更是他们职业发展过程中不可或缺的支持者。随着社会对人才要求的日益提高，学生面临着前所未有的职业发展挑战。辅导员凭借其深厚的专业素养、丰富的社会经验以及对学生个体的深刻理解，成为学生职业发展道路上的一盏明灯，为他们指引方向，助力他们成长。

（一）辅导员在学生职业发展中的定位

职业发展道路上往往充满未知与挑战，学生在面对职业选择、求职挫折时，往往会产生焦虑、迷茫等负面情绪。辅导员作为最贴近学生生活的人，能够第一时间察觉学生的心理状态变化，并给予及时的心理支持与情感慰藉。辅导员通过倾听学生的心声、分享个人经验、提供心理疏导等方式，可以帮助学生缓解压力，重拾信心，使其以更加积极的心态面对职业发展中的各种挑战。

每个学生都是独一无二的个体，他们的职业兴趣和职业目标各不相同。辅导员通过与学生深入交流，可以了解他们的性格特点、兴趣爱好、能力优势等个人特质，为他们提供个性化的职业规划指导。辅导员可以引导学生正确认识自我，明确职业定位，制定切实可行的职业规划方案，并在方案实施过程中给予持续的关注和支持，确保学生能够按照自己的节奏顺利前行。

（二）辅导员促进学生职业规划的落地实施

职业规划只停留在理论层面是不够的，更需要通过实践来检验和完善。辅导员会积极搭建各种实践平台，组织各种实践活动，如实习实训、项目合作、创业孵化等，鼓励学生走出校园、接触社会，将所学知识与实际工作相结合。这些实践活动不仅有助于学生积累宝贵的工作经验，还能够让他们在实践中不断调整和优化自己的职业规划。

为了提高学生的职业规划意识和能力，辅导员还会组织各种职业规划教育与培训活动。这些活动包括职业规划讲座、模拟面试等，旨在帮助学生了解职业规划的基本理论和方法，掌握求职技巧和面试策略，提高他们的职业素养和竞争力。通过这些教育与培训活动，学生能够更加清晰地认识到自己的职业发展方向和目标，为未来的职业发展做好充分准备。

职业规划是一个动态的过程，需要学生根据自身发展情况和外部环境变化不断进行调整和优化。辅导员通过建立职业规划跟踪与反馈机制，可以及时了解学生的职业规划进展情况和遇到的问题，为他们提供及时的指导和帮助。同时，辅导员还鼓励学生之间相互交流和学习，分享彼此的职业规划经验和心得，从而形成良好的职业规划氛围。

（三）辅导员对学生职业发展的长远影响

在快速发展的现代社会中，终身学习已经成为一种必然的趋势。辅导员在支持学生职业发展的过程中，也注重培养学生终身学习的习惯。辅导员鼓励学生不断学习新知识、新技能和新观念，以适应不断变化的社会需求和职业发展要求。通过培养学生的终身学习习惯，辅导员为学生未来的职业发展奠定了坚实的基础。

辅导员通过提供丰富的实践机会和职业规划指导，帮助学生增强社会适应能力和竞争力。学生在实践中可以不断锻炼自己的沟通能力、团队协作能力、问题解决能力等综合素质，为将来步入社会打下坚实的基础。同时，借助辅导员职业规划的指导和支持，学生能够更加清晰地认识自己的职业定位和发展方向，从而在激烈的就业竞争中脱颖而出。辅导员在支持学生职业发展的过程中，始终关注学生的个人成长与全面发展。他们通过关注学生的心理健康、兴趣爱好、综合素质等方面的情况，为学生提供全方位的支持和帮助。在辅导员的关心和指导下，学生能够更加自信地面对生活中的各种挑战和困难，实现个人价值和社会价值的统一。

辅导员要想有效履行在学生职业发展能力培养中的职责，首先需要不断提升自身能力。这包括提升职业规划理论水平、了解行业动态和就业市场趋势、掌握心理辅导技巧和方法等。通过参加专业培训、阅读相关书籍和文献等方式，辅导员可以不断丰富自己的知识储备和实践经验，以更好地满足学生的职业发展需求。每个学生都是独一无二的个体，他们具有不同的兴趣、能力和职业目标。因此，辅导员在培养学生职业发展能力时，应注重学生的个性化发展。通过与学生深入交流、了解学生的实际情况和需求，辅导员可以为学生提供更加个性化和精准的职业指导和支持。例如，针对有创业意向的学生，辅导员可以提供创业指导；针对希望深造的学生，辅导员可以提供考研指导和学术支持等。

实践教学是培养学生职业发展能力的重要途径。辅导员应积极参与实践教学的组织和实施工作，推动实践教学与理论教学的有机结合。通过组织社会实践、专业实习等，辅导员可以引导学生将所学知识应用于实际工作中，提高学生的实践能力和职业素养。同时，辅导员还可以鼓励学生参与科研项目和创新创业活动，培养学生的创新思维和创业精神。

良好的师生关系是辅导员有效履行职责的重要基础。辅导员应尊重学生的个性差异和选择权利，关注学生的成长和发展需求，积极与学生建立良好的沟通和信任关系。通过定期进行谈心谈话、组织班级活动等方式，辅导员可以更加深入地了解学生的思想动态和心理状况，及时发现并解决学生存在的问题和困惑。同时，辅导员还应积极倾听学生的意见和建议，不断改进自己的工作方式，以更好地服务于学生的职业发展需求。提高学生职业发展能力不仅仅是学校的事情，家庭也应该发挥重要作用。辅导员应加强与家长的沟通和合作，共同关注学生的职业发展状况。通过定期与家长联系、反馈学生的职业规划和就业情况等方式，辅导员可以引导家长更加关注学生的职业发展需求。同时，辅导员还可以邀请家长参与学校的职业规划教育和就业指导活动，共同为学生的职业发展提供有力支持。

三、辅导员是求职技巧的传授者

在高等教育体系中，辅导员不仅是学生日常学习生活的指导者，更是他们步入社会、踏上求职之路的重要引路人。面对日益激烈的就业竞争，掌握有效的求职技巧对于毕业生而言至关重要。辅导员凭借其丰富的经验和专业知识，成为为学生传授求职技巧的关键角色。

（一）辅导员的角色认知：求职技巧的传授者

在求职过程中，每个学生都会面临不同的挑战和困难。辅导员通过与学生深入交流、观察其求职行为，能够敏锐地找出学生在简历制作、面试表现、职业规划等方面的短板，这些短板往往是学生求职道路上的绊脚石。辅导员能够结合自身知识和经验，就这些问题提出相应的改进建议。

基于对学生求职短板的准确识别，辅导员可以设计个性化的培训方案。这些培训方案不仅涵盖简历撰写、面试技巧等基本技能，还包括行业知识、职业规划等内容。通过个性化的培训，学生能够更加全面地提升自己的求职竞争力。

简历是求职者与用人单位进行沟通的第一道桥梁。辅导员会指导学生如何撰写一份吸引人的简历，包括如何突出个人优势、如何匹配岗位需求、如何排版布局等。通过实例分析和模拟练习，学生能够掌握简历制作的核心技巧，从而制作出更加符合用人单位要求的简历。

面试是求职过程中最为关键的环节。辅导员会详细讲解面试的流程和注意事项，包括如何回答面试问题、如何展现自己的能力和素质、如何与面试官进行良好的沟通等。此外，辅导员还会组织模拟面试活动，让学生在实践中运用自己掌握的面试技巧，提高应对压力和挑战的能力。职业规划是求职过程中的重要一环。辅导员会引导学生思考自己的职业兴趣、职业能力和职业目标，帮助他们制定合理的职业规划。

（二）辅导员的辅导效果：对学生就业的实际影响

通过辅导员的求职培训和辅导，学生能够更加自信地面对求职过程中的各种挑战。学生可以掌握有效的求职技巧和方法，能够更加准确地把握用人单位的需求，从而提高自己的求职成功率。

掌握求职技巧不仅有助于学生在求职过程中脱颖而出，更能够提高他们的就业竞争力。在竞争激烈的就业市场中，具备求职技巧的学生往往能够更快地找到满意的工作岗位，实现自己的职业目标。求职技巧的传授不仅能提升学生的求职能力，更能促进他们的个人成长与发展。在求职过程中，学生需要不断地挑战自己、超越自己，这种经历将使他们变得更加成熟。同时，通过职业规划指导，学生能够更加清晰地认识自己的职业发展方向和目标，为未来的职业发展奠定坚实的基础。

四、辅导员是就业信息的提供者

在高等教育体系中，辅导员不仅是学生心灵的导师和成长的引路人，更是他们迈向社会、开启职业生涯的重要桥梁。特别是在就业这一关键阶段，辅导员的作用尤为重要，他们不仅是学生职业发展的重要支持者，更是就业信息的提供者。

（一）辅导员作为就业信息提供者的角色定位

辅导员作为学校与学生之间传递信息的桥梁，承担着将学校掌握的就业信息及时、准确地传达给学生的重任。他们通过参加各类招聘会、与用人单位建立联系、关注就业市场动态等方式，收集大量关于就业政策、岗位需求、招聘流程等方面的信息。这些信息对于帮助学生了解就业市场、明确求职方向具有至关重要的作用。除直接提供就业信息外，辅导员还通过解读就业政策、分析就业趋势等方式，引导学生树立正确的就业观念，制定合理的职业规划。辅导员可以根据学生的专业背景、兴趣特长和职业发展目标，为学生提供个性化的职业咨询和建议，帮助学生更好地规划自己的职业生涯。

（二）辅导员收集与整理就业信息

辅导员通过参加各类招聘会、就业洽谈会等活动，与用人单位建立直接联系，获取第一手的岗位需求信息。同时，他们还关注政府发布的就业政策、行业发展趋势等宏观信息，以及各类招聘网站、社交媒体上发布的招聘信息，确保信息的全面性和时效性。

面对海量的就业信息，辅导员需要对这些信息进行分类整理。为了让学生能够更高效地获取适合自己的就业信息，辅导员需要运用专业的知识和技能，将这些信息进行科学的分类和归纳。他们可能会根据行业领域、职位性质、工作地点等多个维度对就业信息进行分类，确保每一条就业信息都能被准确地归到相应的类别中。通过这样的分类整理，学生可以更加便捷地浏览和筛选信息，找到与自己专业背景、职业规划相契合的岗位，从而提高就业成功率。辅导员的这一工作，无疑为学生们的职业发展提供了有力的支持和保障。

（三）辅导员发布就业信息

辅导员可以通过多种渠道发布就业信息，以确保信息的广泛传播。除传统的班会、海报、通知等方式外，辅导员还可以充分利用现代信息技术手段，如通过微信群、QQ 群、微信公众号等社交媒体平台，实时发布招聘信息和就业指导资讯。这些多样化的信息发布渠道使得学生能够随时随地获取最新的就业信息。

就业市场瞬息万变，新的岗位需求和招聘机会层出不穷。因此，辅导员需要定期更新就业信息库，确保所发布的信息始终保持时效性。辅导员可以通过密切关注就业市场动态、与用人单位保持密切联系等方式，确保就业信息的准确性和可靠性。

（四）辅导员提供就业信息对学生就业的影响

辅导员提供的就业信息涵盖了多个行业、多个领域、多个层次的岗位，可以帮助学生拓宽就业领域。学生可以通过这些信息了解到更多行业的发展趋势和岗位特点，从而更加全面地了解就业市场。

辅导员可以通过精准推送就业信息，帮助学生降低在海量招聘信息中筛选有效信息的时间成本。学生可以根据自己的兴趣和专业背景，直接关注与自己相关的岗位信息，从而提高求职的针对性和效率。此外，辅导员还可以根据学生的求职进展和反馈情况，及时调整信息推送策略，为学生提供更加精准的就业服务。面对激烈的就业竞争和不确定的未来前景，许多学生在求职过程中会感到迷茫和焦虑。辅导员可以通过提供丰富的就业信息和专业的职业指导，帮助学生增强就业信心；通过分享成功案例、解读就业政策等方式，让学生感受到就业市场的良好氛围，使他们更加坚定地走向职场。

辅导员在提供就业信息的过程中，也能促进校企之间的合作与产教融合。

辅导员通过邀请企业来校招聘、组织学生参加实习实训等方式，可以加强学校与企业之间的联系和合作。这种合作模式不仅能为学生提供更多的实践机会和就业渠道，也能为企业的发展注入新的活力和动力。

第三节　辅导员的学生职业发展指导能力培养策略

一、增强辅导员职业规划指导能力

（一）专业培训：构建职业规划知识体系

专业培训是提升辅导员职业规划指导能力的基石。这不仅仅是对辅导员进行简单的理论灌输，更是要帮助他们构建一套完整的职业规划知识体系。培训内容包括但不限于：

1.行业趋势分析

通过行业专家的讲解，辅导员可以了解当前就业市场的最新动态，包括热门行业、新兴职业、薪资水平等信息。这些信息对于指导学生进行职业规划具有重要意义，能够帮助学生更准确地定位自己的职业方向。

2.职业规划工具使用方法

掌握职业规划工具的使用方法是辅导员必备的技能之一。这些工具包括职业性格测试、职业兴趣评估、技能清单等，它们可以帮助学生更全面地认识自己，从而制定更加符合个人特点的职业规划。

3.职业发展路径探索

通过探讨不同职业的发展路径，辅导员可以帮助学生了解各个职业的发展轨迹和所需技能，从而引导学生选择一条切实可行的职业发展道路。

（二）案例学习：提升实战经验

案例学习是提升辅导员职业规划指导能力的有效手段。通过分享成功案例和总结失败教训，辅导员可以从中汲取经验，提升自己的实战能力，更好地为学生提供职业发展指导。

1.成功案例分享

通过分析成功案例，辅导员可以学习如何根据学生的实际情况制定个性化的职业规划指导方案，以及如何引导学生逐步实现职业目标。这些成功案例可以为辅导员提供宝贵的参考和借鉴。

2.失败教训总结

通过总结失败教训，辅导员可以了解在职业规划指导过程中可能出现的误区，从而避免在指导学生时犯同样的错误。同时，这些失败教训也可以激发辅导员的创新思维，鼓励他们探索更加有效的职业规划指导方法。

（三）持续更新知识，保持行业敏感度与前瞻性

职业规划指导是一个不断发展的过程。因此，辅导员需要持续更新知识，保持对行业动态的敏感度，以确保提供的职业规划建议具有前瞻性和实用性。

1.参加研讨会与讲座

通过参加职业规划领域的研讨会和讲座，辅导员可以了解最新的研究成果和实践经验，从而拓宽自己的视野和思路。这些活动还可以为辅导员提供与其他专业人士交流的机会，促进合作与共赢。

2.阅读专业文献与报告

通过阅读职业规划领域的专业文献和报告，辅导员可以深入了解职业规

划的最新理论和实践进展。这些文献和报告不仅可以帮助辅导员提升自己的专业素养，还可以为他们提供制定职业规划指导方案的思路。

增强辅导员职业规划指导能力需要多方面的努力和支持。通过专业培训、案例学习和持续更新知识等手段，辅导员可以不断提升自己的职业规划指导能力，为学生提供更加精准、有效的职业规划指导服务。同时，这些措施也有助于促进辅导员自身的专业成长和职业发展。

二、开展职业规划指导教育与培训活动

（一）设计系统化的职业规划指导教育课程

1.理论与实践相结合

高校在设计职业规划指导教育课程时，要注重理论与实践相结合。理论部分不仅要涵盖职业规划指导的基本原理、行业趋势分析、职业定位与选择等基础知识，还要融入最新的职业发展理念和研究成果。实践部分则通过职业测评工具的使用、简历的撰写、面试技巧的传授等实际操作，让辅导员在模拟和实践中掌握职业规划指导的核心技能。

对于辅导员而言，这样的课程设计不仅有助于他们更好地理解职业规划指导的精髓，还能让他们在实践中不断积累经验，提高实际操作能力。通过理论与实践相结合，辅导员可以更加自信地指导学生进行职业规划，为他们提供更具针对性的建议。

2.个性化与差异化教学

考虑到辅导员的背景、经验和需求的多样性，相关教育者需要采用个性化和差异化的教学方法，以提高辅导员的学生职业发展指导能力。例如，相关教育者可以通过小组讨论、案例分析、角色扮演等多样化的教学方式，让辅导员在互动中学习和成长；同时，还可以针对辅导员的具体需求，制定个

性化的培训方案。

这种个性化与差异化教学的理念，不仅有助于激发辅导员的学习兴趣和动力，还能让他们根据自己的实际情况，选择最适合自己的成长路径。通过这样的教学方式，辅导员可以更加深入地了解自己的职业特点和优势，从而更好地发挥自己的潜力，为学生的职业发展提供更加专业的指导。

（二）开展多样化的职业规划指导培训活动

1.邀请行业专家举办讲座与分享经验

定期邀请行业专家、企业管理者举办讲座与分享经验，是提升辅导员的学生职业发展能力的有效途径。这些专家不仅能带来行业内的最新动态、职业发展路径和职业素养要求等信息，还可以分享他们在职业规划指导过程中的宝贵经验和心得。

对于辅导员而言，这样的讲座和分享不仅有助于他们拓宽视野，了解市场需求和就业趋势，还能让他们从专家的角度审视职业规划指导的重要性和复杂性。通过与专家进行交流和互动，辅导员可以更加深入地了解职业规划指导的精髓和技巧，从而更好地指导学生进行职业规划。

2.组织职业规划指导工作坊与研讨会

职业规划指导工作坊和研讨会为辅导员提供了一个实践的平台。在这些活动中，辅导员可以进行简历撰写和面试准备等实际操作。同时，他们还可以与其他辅导员进行交流和讨论，共同分享经验和心得。

这样的实践平台不仅有助于辅导员提升实际操作能力，还能让他们在实践中不断反思和总结自己的职业规划指导理念和方法。通过与他人的交流和互动，辅导员可以更加清晰地认识不同职业的特点和优势，从而更好地为学生职业发展提供支持。

3.提供校企合作实习机会

与用人单位建立合作关系，为辅导员提供实习和实践机会，是提升其学生职业发展指导能力的又一重要途径。

　　这样的实习和实践机会不仅有助于辅导员积累实践经验，还能让他们在实践中不断学习和成长。通过与企业的交流和合作，辅导员可以更加深入地了解市场需求和就业趋势，从而更好地为学生的职业发展提供指导和帮助。

（三）建立职业规划指导教育与培训的支持体系

1.设立职业规划指导教育中心

　　高校可以设立职业规划指导教育中心，作为培养辅导员学生职业发展能力的专门机构。该中心不仅负责课程设计、教师培训、资源整合等工作，还为辅导员提供全方位的支持和服务。

　　对于辅导员而言，这样的专业发展平台不仅有助于他们更好地了解职业规划指导各个方面的内容，还能让他们在实践中不断积累经验和提升能力。通过与职业规划指导教育中心相关研究人员的交流与合作，辅导员可以更加深入地了解职业规划指导的精髓和技巧，从而更好地为学生的职业发展提供指导和帮助。

2.建立职业规划指导资源库

　　高校要建立职业规划指导资源库，包括职业规划工具、行业报告、成功案例等丰富的学习材料和参考资源。这些资源不仅有助于辅导员更好地了解职业规划指导的内容，还能为他们提供宝贵的学习机会和经验。

　　通过这样的资源库，辅导员可以更加便捷地获取所需的学习材料和参考资源。他们可以根据自己的实际需求和学习进度，选择适合自己的学习内容和方式。这样不仅有助于提升辅导员的学习效率和质量，还能让他们在实践中不断反思和总结自己的职业规划指导理念和方法。

3.提供职业规划指导咨询服务

　　高校通过提供职业规划指导咨询服务，可以让辅导员更加深入地了解自己的职业特点和优势，从而更好地发挥辅导员的潜力。同时，辅导员还可以从咨询师的角度审视自己的职业规划指导理念和方法，不断反思和总结自己的经验和教训。这样的反思和总结能让辅导员为学生的职业发展提供更专业的指导。

综上所述，通过设计系统化的职业规划指导教育课程、开展多样化的职业规划指导培训活动，以及建立职业规划指导教育与培训的支持体系等措施，高校不仅能有效提升辅导员的职业素养和专业技能，还能为他们提供丰富的实践经验和案例资源。在这样的培养体系下，辅导员可以更加自信地指导学生进行职业规划，为学生成功求职奠定坚实的基础。

三、明确指导职责，构建科学规范的制度体系

为了确保辅导员能够认真履行学生职业发展指导职责，首先需要对其在学生职业发展中的角色进行清晰的定位，并在此基础上，构建一套科学、规范的制度体系。

（一）角色定位清晰化

1.职业规划导师

辅导员应成为学生职业规划的得力助手和引路人。这要求辅导员不仅要具备丰富的职业规划知识，还要能够根据学生的个人特点、兴趣爱好和职业发展目标，为学生提供个性化的职业规划建议。

在职业规划指导过程中，辅导员应帮助学生明确职业目标，制定科学合理的职业规划。这包括引导学生了解不同职业的特点和要求，引导学生分析自身的优势和不足，制订符合实际且切实可行的职业发展计划。

此外，辅导员还应定期对学生的职业规划进行评估，根据学生的成长和发展情况，及时调整职业规划指导方案，确保学生的职业发展始终沿着正确的方向前进。

2.就业指导顾问

辅导员在学生就业指导方面扮演着至关重要的角色。他们需要为学生提供全面、专业的求职咨询服务，包括简历撰写、面试技巧培训、职场适应指导等。

在简历撰写方面，辅导员应指导学生如何突出自己的优势和特点，撰写出简洁明了、内容丰富的简历。同时，还要帮助学生了解不同企业和岗位的简历筛选标准，以便更好地展示自己。

在面试技巧培训方面，辅导员应教授学生如何准备面试、如何应对面试中的各种问题，以及如何在面试中展示自己的能力和素质。此外，辅导员还要帮助学生了解企业的面试流程和标准，提高面试成功率。

在职场适应指导方面，辅导员应引导学生了解职场文化和规则，培养学生良好的职业素养和团队合作精神；同时，还要关注学生的职场心理健康，及时提供心理疏导和支持。

3.职业发展伙伴

辅导员应与学生建立长期、稳定的职业发展伙伴关系。这要求辅导员不仅要关注学生的职业发展动态，还要提供持续的支持和帮助。

在职业发展过程中，辅导员应定期与学生进行沟通和交流，了解他们的职业发展情况和需求；同时，还要根据学生的实际情况，提供有针对性的职业发展建议和资源支持。

此外，辅导员还应积极参与学生的职业发展活动，如实习、就业推荐等，为学生提供更多的职业发展机会和资源支持。辅导员要与学生建立紧密的联系，促进学生的职业发展。

（二）制度建设系统化

1.制定学生职业发展指导规范

高校应制定详细、具体的学生职业发展指导规范，如明确指导流程、方法和要求等方面的内容，确保辅导员在开展学生职业发展指导工作时能够遵循统一的标准。

制定学生职业发展指导规范可以确保辅导员在学生职业发展指导过程中为学生提供全面、准确、有效的指导服务；同时，还可以避免辅导员在指导过程中出现偏差或失误，确保学生的职业发展始终沿着正确的方向前进。

2.完善考核机制

高校应将学生职业发展指导纳入辅导员的绩效考核体系。对辅导员进行定期考核和评估，激励辅导员不断提升学生职业发展指导能力，提高工作质量。

在考核机制中，高校应设立明确的考核标准和指标，如学生就业率、就业质量、学生满意度等。这些指标可以客观地反映辅导员在学生职业发展指导方面的表现。

同时，高校还应建立反馈机制，及时收集学生和用人单位的意见和建议。这有助于辅导员了解自己在学生职业发展指导工作中的不足之处，及时进行改进。

3.创新激励机制

对于在学生职业发展指导方面表现突出的辅导员，高校应给予奖励。这可以激发辅导员的工作积极性和创造力，推动他们在学生职业发展指导工作中不断取得新的成果。

在激励机制中，高校可以设立"优秀指导奖"等奖项，对表现优秀的辅导员进行表彰。同时，高校还可以为辅导员提供更多的职业发展机会和资源支持，如参加高级研修班、参加行业交流会等。这些机会和资源支持可以帮助辅导员不断提高自己的专业素养和学生职业发展指导能力。

综上所述，明确辅导员的学生职业发展指导职责并构建科学规范的制度体系是培养辅导员的学生职业发展指导能力的重要保障。清晰的角色定位和系统的制度建设，可以确保辅导员在学生职业发展指导工作中为学生提供全面、准确、有效的指导服务。

第五章 辅导员心理辅导能力提升

第一节 辅导员心理辅导能力的
基本理论

一、辅导员心理辅导能力的定义

辅导员心理辅导能力是指辅导员在理解学生心理发展特点的基础上，运用心理学理论和方法，对学生进行心理疏导、情感支持和行为引导的能力。这一能力涵盖了情感共鸣、沟通技巧、危机干预、心理健康教育等多个方面的内容。具备强大心理辅导能力的辅导员，能够成为学生心灵的灯塔，指引他们在成长的道路上稳步前行。

二、辅导员心理辅导能力的构成

辅导员心理辅导能力主要包括辅导员自身心理辅导能力与针对学生的心理辅导能力两部分。

（一）辅导员自身心理辅导能力

辅导员自身心理辅导能力包括以下内容：

一是自身心理健康意识。在日常繁忙的工作中，许多辅导员在全心全意关注学生的心理健康时，没有意识到自己也处于心理亚健康状态，忽视了自身情绪与心理需求的微妙变化。对于辅导员而言，具备自省意识与自查意识十分重要。

二是自身心理问题的觉察及诊断能力。

三是自我沟通技能。基于自省前提下的自我沟通是辅导员及时发现自身心理问题并能够及时有效解决的关键之举。

四是解决自身心理问题的能力，包括内省能力、自我沟通能力、寻求帮助的能力、压力管理能力、情绪调节与控制能力、非理性认知向理性认知转化的能力、学习管理能力等。

五是自我监控能力，即辅导员对自身心理辅导过程的监督与控制能力。这种监督与控制贯穿自我诊断、自我沟通、确定解决方案到最终执行等所有环节，并形成有效的反馈。

（二）针对学生的心理辅导能力

在辅导员心理辅导能力中，针对学生的心理辅导能力包括以下内容：

一是意识方面。即对学生心理发展状态的认知，团体及个体心理咨询的过程性评价与结果性评价。

二是观察和诊断方面。对于需要心理辅导的学生个体或团体予以初步观察与诊断，能够找出其心理问题产生的根源。

三是解决问题方面。对于学生存在的各种心理问题，可以采取行之有效的解决措施的能力，以及对方案实施效果具备一定的认知评价能力等。

四是沟通方面。在特定心理辅导模式下，辅导员的沟通能力、问题解决的能力、反馈信息的能力等。

三、提高辅导员心理辅导能力的依据

辅导员通过对学生进行专业的心理辅导，能够帮助学生解决心理困惑，缓解心理压力，预防心理疾病的发生，从而促进学生心理的健康发展。当学生面临学业、就业、人际关系等多方面挑战的时候，辅导员的心理辅导能够帮助学生增强适应能力，提高应对各种问题的能力。

学生的心理健康状况直接影响其学习积极性和学习效率。辅导员的有效心理辅导能够为学生创造一个更加积极、健康的学习环境。通过心理辅导，辅导员能够更深入地了解学生的内心世界，与学生建立更加亲密的关系，为教育工作的顺利开展奠定基础。

（一）学生健康成长的重要保证

我国高校学生心理问题越发普遍。目前，我国很多高校的心理健康工作不能满足新时代青年学生的需要。常常在一所拥有一两万学生的本科高校中，心理咨询中心只有一到两个专职心理教师，一些民办高校、专科高校更是没有专职心理教师。高校应该广开思路，面向社会大力引进优秀的专职心理教师，另外配备兼职心理教师，做到专兼结合，以专为主、以兼为辅，充分利用辅导员工作在学生第一线的优势，提高辅导员心理辅导能力，这样才能做好青年学生的心理健康工作。

（二）大学生心理健康教育工作的根本要求

大学生心理健康教育工作是高等教育的重要组成部分，对高校的人才培养发挥着不可替代的作用。大学生心理健康教育工作的最终目的是保证学生的心理健康。辅导员是负责学生工作的一线教师，与学生朝夕相处，承担着维护学生身心健康的重任。因此，辅导员必须树立正确的心理健康教育理念，具备较强的心理辅导能力，做好学生的心理健康工作。

（三）辅导员自身成长的迫切要求

高校学生是实现中华民族伟大复兴的中国梦的生力军，而辅导员是开展高校学生思想政治教育的骨干力量。我国大部分高校都要求辅导员队伍保持年轻化。青年辅导员更加容易融入学生群体，但也常常具有因经验不足、阅历尚浅导致自身心理素质不强的缺陷。这就要求辅导员个人要强化自身心理辅导能力。

提高辅导员心理辅导能力，是提高辅导员队伍整体素质的迫切需要，是辅导员队伍建设的重要内容。

第二节　辅导员心理辅导能力的作用

一、心理辅导能力在辅导员工作中的地位与作用

在高等教育体系中，辅导员不仅是学生思想的引路人，更是学生心理健康的守护者。心理辅导能力作为辅导员综合素质的重要组成部分，在促进学生健康成长和全面发展方面发挥着不可替代的作用。

（一）心理辅导能力在辅导员工作中的地位

随着社会的快速发展和竞争的日益激烈，高校学生面临着学业、就业、人际关系等多方面的压力，其心理健康问题日益凸显。辅导员作为与学生接触最密切的教师群体之一，其心理辅导能力直接关系到学生的心理健康水平。

因此，心理辅导能力是辅导员在工作中不可或缺的能力。

心理辅导能力强的辅导员能够及时发现学生的心理困扰，并通过有效的心理疏导和干预，帮助学生树立正确的世界观、人生观和价值观，为思想政治教育工作的顺利开展提供有力支撑。学生的全面发展不仅包括学业成绩的提高，更包括人际交往能力、社会适应能力等多方面能力的提升。心理辅导能力强的辅导员能够根据学生的性格特点和心理需求，为其提供个性化的心理支持和指导，帮助学生解决成长中的困惑和问题，促进其全面发展。

（二）心理辅导能力在辅导员工作中的作用

辅导员通过日常观察、谈心谈话等方式，能够及时发现学生的心理问题，如焦虑、抑郁、自卑等。具备良好心理辅导能力的辅导员能够运用专业知识和技能，对学生进行有效的心理干预和疏导，帮助学生缓解心理压力、调整心态，避免心理问题的进一步加剧。

每个学生都是独一无二的个体，其心理需求和心理问题也各不相同。辅导员通过深入了解学生的家庭背景、性格特点、成长经历等，能够为学生提供个性化的心理支持和指导。这种个性化的心理支持和指导能够更好地满足学生的需求，增强其自信心和应对困难的能力。

辅导员在与学生交流互动的过程中，可以通过分享人生经验、讲述励志故事等方式，引导学生树立正确的人生观和价值观。具备良好心理辅导能力的辅导员能够根据学生的心理特点和需求，采用恰当的方式和方法，引导学生积极面对生活，努力实现自身价值，并为社会做出贡献。人际交往能力是学生综合素质的重要组成部分。辅导员通过组织团体活动、开展心理健康教育等方式，可以帮助学生提高人际交往能力。

二、辅导员心理辅导能力对学生心理健康的维护 与促进作用

当今社会，随着教育竞争的加剧和生活节奏的加快，很多学生面临巨大的心理压力。这些压力不仅来源于学业负担，还涉及人际关系、自我认知、未来规划等多个方面。因此，学生心理健康问题日益受到社会各界的关注。作为与学生紧密接触的辅导员，其心理辅导能力在维护学生心理健康、促进其全面发展过程中具有重要作用。

（一）心理辅导能力对学生心理健康的维护作用

心理辅导能力强的辅导员能够敏锐地察觉到学生情绪和行为上的微妙变化，及时识别出学生潜在的心理问题。通过与学生建立信任关系，辅导员能够深入了解学生的内心世界，为心理问题的早期干预提供可能。早期干预是防止学生心理问题加剧、促进学生健康成长的关键环节。通过提供适当的心理支持和指导，辅导员可以帮助学生调整心态、缓解压力，避免心理问题对学生学习和生活造成更大的影响。

情绪管理和调节是心理辅导的重要组成部分。心理辅导能力强的辅导员能够教授给学生有效的情绪管理方法，如做深呼吸、进行放松训练等。这些方法有助于学生在面对压力和挑战时保持冷静和理智，减少负面情绪的影响。同时，辅导员还可以引导学生学会表达自己的情感，增强情感交流能力，从而建立更加健康的人际关系。

具备良好的自我认知能力是学生保持心理健康的基石。心理辅导能力强的辅导员能够帮助学生深入了解自己的性格特点、兴趣爱好、价值观等，促进学生自我认知能力的提升。通过提升自我认知能力，学生可以更加清楚地认识自己的优势和不足，明确自己的目标和发展方向。

此外，自我认知能力的提升还有助于学生在面对挫折和困难时保持积极的心态。在学习和生活中，学生难免会遇到各种压力和挫折。心理辅导能力强的辅导员能够针对这些问题，为学生提供有效的应对策略，帮助他们更好地应对挑战。通过指导学生如何制订合理的学习计划、如何管理时间、如何寻求帮助等，辅导员可以帮助学生提高应对压力的能力。同时，辅导员还可以引导学生学会从挫折中汲取经验，培养坚韧不拔的意志。

（二）心理辅导能力对学生心理健康的促进作用

心理韧性是指个体在面对逆境、压力或挑战时能够保持积极心态、迅速适应变化的能力。心理辅导能力强的辅导员通过一系列的心理辅导活动，如团体辅导、案例分析、角色扮演等，可以帮助学生提升心理韧性。通过积极参与这些活动，学生可以学会在困境中寻找机遇、在失败中发掘潜力，更加自信地面对未来的学习和生活。

具备良好的人际交往能力是学生心理健康的重要标志之一。心理辅导能力强的辅导员可以通过组织各种形式的集体活动等方式开展心理健康教育，促进学生之间的交流和互动。同时，辅导员还可以引导学生学会处理人际冲突和矛盾。

心理辅导能力强的辅导员能够关注学生的个体差异和潜能发展，通过个性化的心理支持和指导，激发学生的创造力。通过鼓励学生尝试新事物、挑战自我、发挥想象力等方式，辅导员可以帮助学生发现自己的兴趣和特长，并为其提供相应的支持。这种个性化的心理支持和指导有助于学生在学习和生活中更加自信地展现自己的才华。

社会适应能力是指个体在社会环境中生存和发展的能力。心理辅导能力强的辅导员可以通过模拟社会情境、开展社会实践等方式，帮助学生了解社会规则、掌握各种社交技能，从而增强社会适应能力。这些活动有助于学生更好地融入社会、适应环境，并与他人和谐相处。同时，辅导员还可以引导学生关注社会问题、参与公益活动等，以培养其社会责任感和公民意识。

三、辅导员心理辅导能力对学校心理健康教育工作的推动作用

在当今教育体系中，心理健康教育已成为不可或缺的重要组成部分。它关乎学生的全面发展、校园的和谐稳定以及社会的长远进步。心理辅导能力强的辅导员能够协助高校构建全面、系统的心理健康教育体系。他们不仅关注个别学生的心理困扰，还致力于推动心理健康教育的普及和深入。通过开展心理健康教育课程、组织心理健康教育活动、进行心理健康教育宣传等方式，辅导员能够提高全校师生的心理健康意识，营造积极向上的校园氛围。

辅导员的心理辅导能力直接作用于学生个体，有助于提高学生的心理健康水平。辅导员通过个别咨询、团体辅导、危机干预等多种方式，可以为学生提供及时、有效的心理支持。辅导员可以帮助学生解决心理困扰、缓解心理压力、增强心理韧性，使学生能够更好地应对学习和生活中的挑战和压力。这种个性化的心理支持有助于促进学生心理的健康发展，提高其心理素质。

家校合作对于学生的心理健康发展至关重要。心理辅导能力强的辅导员能够与家长建立有效的沟通机制，及时反馈学生的心理状况。辅导员可以通过举办家长会、开展家庭教育指导活动等方式，帮助家长了解学生心理发展的特点和规律，掌握有效的家庭教育方法。

心理辅导能力强的辅导员不仅关注实践工作的开展情况，还积极参与心理健康教育课题的研究与探索。他们通过总结工作经验、分析典型案例、进行实证研究等方式，不断推动心理健康教育的理论创新和实践发展。

四、辅导员心理辅导能力对社会心理健康服务的完善作用

当今社会，随着生活节奏的加快和社会竞争的加剧，人们面临的压力日益增大，心理健康问题已成为社会关注的焦点。辅导员作为学生在校期间接触最多的教师群体之一，其心理辅导能力直接影响学生心理健康教育的效果，同时对社会心理健康服务的完善发挥着重要作用。

（一）早期识别与干预，构建心理健康"第一道防线"

辅导员心理辅导能力的重要体现，在于其能够早期识别学生的心理问题，并进行及时干预。在日常工作中，辅导员通过细致观察、深入了解，能够敏锐捕捉到学生情绪、行为等方面的异常变化，从而及时发现学生潜在的心理问题。在此基础上，辅导员运用专业的心理辅导技巧，如倾听、共情、引导等，与学生建立信任关系，帮助他们正确认识自己的心理状况，为他们提供初步的心理支持和干预。这种早期识别与干预机制，为社会心理健康服务构建了"第一道防线"，有效防止了心理问题向更严重的方向发展，降低了社会心理问题的整体发生率。

（二）推动心理健康教育普及，加强公众心理健康意识

辅导员心理辅导能力还体现在其能够推动心理健康教育的普及上。通过开设心理健康教育课程、举办心理健康讲座、开展心理健康宣传活动等，辅导员能够将心理健康知识传递给广大学生，提升他们关注心理健康的意识。积极推动心理健康教育普及，不仅有助于学生在遇到心理问题时能够主动寻求帮助，还能培养他们良好的心理素质和应对压力的能力。同时，辅导员组织的心理健康教育活动还能够影响学生的家庭和社会环境，进而推动全社会

对心理健康问题的关注。

（三）促进家校合作，形成心理健康教育合力

辅导员心理辅导能力在促进家校合作方面也发挥着重要作用。通过定期与家长沟通、举办家长会、提供家庭教育指导等方式，辅导员能够与家长建立紧密的联系，共同关注学生的心理健康状况。辅导员的专业心理辅导能力能够帮助家长了解孩子的心理需求，掌握正确的教育方法，形成家校共育的良好氛围。这种合作模式不仅有助于家长及时发现并解决学生的心理问题，还能增强家庭和社会对心理健康服务的支持，推动社会心理健康服务的完善和发展。

（四）参与社会心理健康服务体系建设，推动服务创新

随着社会对心理健康服务需求的日益增长，辅导员可以凭借其专业背景和工作经验，为社会心理健康服务提供有益的参考和建议。通过参与心理健康服务项目的研发与实施，参与心理健康服务标准的制定与评估，与社区、企事业单位建立心理健康服务合作关系等方式，辅导员能够将校园心理健康服务的经验推广到社会层面，为构建全面、高效的社会心理健康服务体系贡献力量。同时，辅导员还能在实践中不断探索和创新心理健康服务模式和方法，推动社会心理健康服务的持续改进和优化。

第三节　辅导员心理辅导能力提升路径

一、做好顶层设计，落实培养方案

（一）把好选聘和任用辅导员的心理素质考核关

高校需要建立并完善辅导员选聘和任用制度，将辅导员心理素质作为辅导员选聘和任用的主要考核指标之一，把好选聘和任用辅导员的心理素质考核关，确保学生能得到更好、更优的心理健康教育。

高校需要在社会上公开招聘辅导员，遵循任人唯贤的原则，营造引才、育才的良好环境。成立高校辅导员招聘引进领导小组、考评小组，改造辅导员入住的公寓，给予辅导员一定的入职补贴、科研启动经费等，从生活环境、工作环境、工资待遇、生活设施等方面不断提高辅导员的满意度。

高校要想完善辅导员选聘任用制度，不仅要严格要求公开招聘的报考条件，还要在笔试、面试过程中设置考核辅导员心理素质的相关题目，做到层层把关，将心理素质考核覆盖到高校辅导员公开招聘全过程。高校应严格把好辅导员选聘关，心理素质测试不过关者严禁录用。每一个辅导员需要管理数百名学生，如果让一位心理有缺陷的辅导员去做学生的心理健康工作，那么学生的心理问题不仅得不到解决，还可能会越来越严重。高校严格选聘和任用辅导员，不仅是对学生负责的表现，更是对社会、国家负责的表现。

（二）加强入职培训和在职培训

心理辅导能力的培养应成为高校教师入职培训和在职培训的重要内容，应成为高校教师队伍建设的重要组成部分。

辅导员的入职培训和在职培训对提高辅导员的心理辅导能力具有重要意

义。大部分辅导员都不是毕业于心理学、教育学专业的，而且辅导员的工作纷繁复杂，导致其难以抽出时间自学心理学、教育学相关知识，所以高校应该建立完善的辅导员入职培训制度和在职培训制度，进行全校范围的辅导员心理健康教育培训，提高辅导员的心理辅导能力。这需要高校党委高度重视，由人事处或教师工作部具体组织并落实培训制度，确保全面覆盖辅导员。高校应通过多种形式举办专家讲座、沙龙等学习活动，并根据辅导员的不同职称、工作年限和专业背景，分层次开展培训；与省市培训资源平台无缝对接，购买并引入优质的入职培训教学资源服务，构建区域学校教育教学资源库；同时，与其他高校共同打造一个多校共享的入职培训资源库，并最大限度地实现各学校资源库的管理互通。

辅导员应积极参加心理学、教育学等方面的专业培训和学习，不断提高自身的专业素养和综合能力。辅导员要通过系统学习心理学理论、方法和技巧，了解学生的心理特点和需求，掌握有效的心理干预和疏导方法。良好的师生关系是心理辅导工作顺利开展的重要保障。辅导员应主动关心学生的生活和学习情况，积极倾听学生的心声，与学生建立互信、互助的关系。通过建立良好的师生关系，辅导员能够更好地了解学生的心理状态和需求，为其提供更加有针对性的心理支持和指导。

（三）健全心理沙龙制度

辅导员在对学生进行心理辅导的过程中，由于消极案例、负面情绪等因素的作用，这种心理辅导过程会增加高校辅导员的精神压力，进而影响辅导员自身的心理健康。辅导员只有在身心健康的情况下，才能辅导好学生，解决好学生的心理问题，做好高校的心理健康工作。

高校可以探索建立辅导员心理沙龙制度，由学生工作部（学生工作处）牵头，心理发展中心主办，探索出一条其他高校可复制、可借鉴的沙龙路线。同时，高校应探索建立线上与线下相结合的心理沙龙形式，以应对辅导员可能存在的"面对面"交流时的尴尬情况。高校应完善心理沙龙制度，深入探索心理咨询的难点与重点，为辅导员提供一个平台，让他们互换经验、交流心得体会，从而使心理沙龙成为辅导员的情感疏通站、心情减压站和情绪舒缓站。

（四）建立良好的平台

高校及教育部门应当加强对辅导员在心理学、教育学等领域的专业培训。高校及教育部门应通过定期举办培训班、研讨会、工作坊等活动，为辅导员提供系统的学习和实践机会。同时，高校相关领导要鼓励辅导员自主学习、持续进步，不断提高专业素养和综合能力。

高校应建立完善的心理支持系统，为辅导员提供必要的心理支持和资源保障，包括建立心理咨询室、配备专业心理咨询师、提供心理测评工具等。同时，高校还应鼓励辅导员之间建立互助小组，分享经验和心得，共同提高心理辅导能力。辅导员在关注学生心理健康状况的同时，也应关注自身的心理健康状况。高校应定期组织辅导员参加心理健康检查和心理疏导活动，帮助他们缓解工作压力、调整心态、保持积极的工作状态。同时，高校还应为辅导员提供必要的心理支持和关怀，增强其职业认同感和归属感。

二、练好自身"内功"，提升心理辅导能力

（一）加强理论知识学习

辅导员要想做好学生的心理健康工作，就要充分认识到心理健康教育在高等教育中的地位和作用，了解心理健康教育的重要性和紧迫性。辅导员应具备一定的心理学、教育学知识，包括普通心理学、发展心理学、社会心理学、高等教育学和教育心理学等。只有这样，辅导员才能利用理论知识对学

生开展相关的心理教育和心理咨询活动，做好对学生的心理辅导工作。

同时，辅导员还应具备一定的宣传能力，积极进行心理健康知识宣传，利用互联网有力推送有价值的心理健康信息。一方面，要在预防上下功夫。在学生日常思想政治教育的过程中渗透心理健康知识，传播心理健康正能量信息，主动占领网络心理健康教育的阵地，尽可能解决学生心理困惑，尽可能预防学生出现心理问题；另一方面，在心理咨询上做功课。新时代背景下，部分学生难以接受面对面地倾吐自己的心理问题，更倾向通过新媒体进行咨询。辅导员应顺应时代发展，主动接受新鲜事物，运用新媒体对有心理困惑的学生提供帮助。

（二）强化心理实践训练

辅导员不仅要阅读大量的专业性和相关非专业性书籍，不断丰富自己的知识、完善自己的知识结构、拓宽自己的视野、提升自己的思想境界，还要多参与社会实践，培养各方面的实践技能。实践是检验真理的唯一标准，辅导员一旦有了开展学生心理健康工作的想法，就应当立即付诸实践，通过实际行动进行验证，并不断完善工作方式方法，以更好地服务于学生，为目标而不懈奋斗。特别是在开展学生的具体思想政治实践工作中，辅导员应自觉培养心理辅导能力，将心理健康教育自然而然地融入思想政治教育工作中。

良好的思想政治素质的形成与人们的心理健康息息相关。心理健康的人更容易接受思想政治教育，可以将其内化为自己的信仰，并外化为自己的行为，形成良性循环。辅导员在日常学生思想政治教育过程中，要自觉遵循学生的成长规律，运用心理健康教育的理论和方法，总结提炼实践中的经验方法，增强在具体实践工作中的心理辅导能力。

实践是提升心理辅导能力的有效途径。高校应鼓励辅导员积极参与心理健康教育实践工作，如个别咨询、团体辅导、危机干预等。通过实践锻炼，辅导员可以积累丰富的经验，提高应对复杂问题的能力。同时，高校应鼓励辅导员进行工作反思和总结，不断优化工作方法和策略，提高工作效率和质量。心理辅导工作需要团队协作和交流。高校应在辅导员之间建立互助小组或交流平台，让他们分享工作经验和心得体会。通过团队协作和交流，辅导员可以相互学习、相互支持、共同进步。这种团队协作和交流有助于提升整个辅导员队伍的心理辅导能力，推动高校心理健康教育工作的有效开展。

（三）加强合作交流

辅导员应加强与高校心理健康教育中心、心理咨询室等机构的合作与交流，共同为学生提供全方位的心理支持和服务。同时，辅导员还可以积极利用社会资源，如邀请心理专家来校讲座、组织学生参加社会实践活动等，为学生提供更加丰富的心理体验。另外，辅导员应学会自我调节和放松身心的方法，保持积极乐观的心态和情绪状态。只有自身心理健康的辅导员，才能更好地为学生提供心理支持和指导。

第六章　辅导员职业素养
与人格魅力提升

第一节　职业素养与人格魅力的
基本理论

一、职业素养的相关内容

职业素养是个人在职场环境中展现出的综合能力与品质，是其在职业生涯取得成功的关键因素之一。它不仅关乎个人的专业技能，更涵盖了道德伦理、工作态度、团队协作、自我管理及持续学习等多个方面的内容。

（一）职业素养的定义

职业素养，简而言之，是指个体在从事职业活动时，所应具备的综合素质和能力。这些素质和能力既包括专业技能、知识水平等硬性条件，也涵盖职业道德、职业态度、沟通能力、团队协作能力、自我管理能力及持续学习能力等软能力。它是个体在职场中有效履行职责、实现个人价值与社会价值和谐统一的重要基础。

（二）职业素养的重要性

在日益激烈的职场竞争中，良好的职业素养能够使个体脱颖而出，成为企业青睐的对象。它不仅能帮助个体快速适应工作环境，还能在关键时刻促进个人思维创新。个体职业素养中的团队协作能力和沟通技巧对于构建和谐的团队氛围至关重要，它们能够有效减少误解和冲突，进而提升团队的整体工作效能。

持续学习能力是职业素养的重要组成部分。具备持续学习能力的个体，更能不断适应行业变化，把握职业发展的主动权，实现职业生涯的可持续发展。员工的职业素养直接反映了企业的文化和价值观。高素质的员工队伍能够提升企业的社会形象和品牌价值，从而提高市场竞争力。

（三）职业素养的构成要素

1.专业技能与知识储备

专业技能：指个体在特定领域掌握的技术、方法和工具等。它是完成工作任务的基础，也是衡量个体是否具备专业能力的直接标准。

知识储备：包括专业知识、行业动态、政策法规等多方面的内容。丰富的知识储备有助于个体更好地理解和应对工作中的问题，提高工作效率和工作质量。

2.职业道德与责任感

职业道德：指个体在从事职业活动时应遵循的行为规范和道德准则。它要求个体诚实守信、公正无私、尊重他人、保守秘密等，是维护职业秩序和社会稳定的重要基石。

责任感：指个体对自己所承担的工作和任务的态度。高度的责任感能够促使个体积极面对挑战，勇于承担责任，确保工作任务的顺利完成。

3.职业态度与工作态度

职业态度：指个体对自己所从事职业的看法和认识。积极的职业态度能够激发个体的工作热情，提高工作效率和工作质量。

工作态度：指个体在工作中表现出的行为方式和心理状态。良好的工作态度包括认真负责、积极主动、勤奋努力等，这些都有助于个体在职场中赢得尊重和信任。

4.沟通能力与团队协作能力

沟通能力：指个体与他人进行有效信息交流的能力。良好的沟通能力有助于减少误解和冲突，促进合作与共赢。

团队协作能力：指个体在团队中与他人协同工作的能力。优秀的团队协作能力能够使团队成员优势互补、相互支持，共同实现团队目标。

5.自我管理与学习能力

自我管理能力：包括时间管理能力、情绪管理能力、压力管理能力等多个方面。良好的自我管理能力有助于个体保持高效的工作状态，避免焦虑等负面情绪的干扰。

学习能力：是个体适应变化、持续成长的关键。在快速变化的职场环境中，具备强大学习能力的个体能够迅速掌握新知识、新技能，保持竞争优势。

（四）职业素养提升策略

不断提升专业技能和积累行业知识是个体职业素养提升的基础。通过参与培训、研读专业书籍及关注行业动态等多种途径，个体可以有效拓宽知识视野并提高专业技能水平。

职业道德是职业素养的重要组成部分。个体要时刻保持诚信、公正、尊重他人等良好的职业道德品质，树立良好的职业形象。具备一定的情绪管理能力和社交技巧是提升职业素养的关键。个体要学会控制自己的情绪波动，保持平和稳定的心态，同时要注重提高自己的社交技巧，善于与他人沟通交流，并建立良好的人际关系。

持续学习和自我反思是提升职业素养的不竭动力。个体要时刻保持对知识的渴望和追求，不断学习新技能、新知识；同时要注重自我反思和总结经验教训，不断完善自己的行为方式。

积极参与社会实践与公益活动是提升职业素养的有效途径。通过参与社会实践活动和公益活动，个体可以锻炼自己的实践能力和团队协作能力，同时也能够培养自己的社会责任感和奉献精神，为社会做出更多的贡献。

二、人格魅力的定义、重要性及构成要素

人格魅力，这一内涵丰富的概念，根植于个体独特的性格特质、道德品质、智慧才情及行为方式之中，是个体吸引他人、影响他人并赢得他人尊重与信赖的强大力量。

（一）人格魅力的定义

人格魅力，简而言之，是指个体在人际交往中，通过其独特的个性特征、道德品质、思想深度、行为方式等所展现出的吸引力和感染力。这种魅力不仅体现在言语表达、情绪管理、社交技巧等外在表现上，更深植于个体的内心世界，包括其价值观、信仰、人生态度等深层次的精神追求中。人格魅力是个体综合素质的集中体现，是内在美与外在美的和谐统一。

（二）人格魅力的重要性

拥有较强人格魅力的人，能够轻松吸引他人，建立良好的人际关系网。他们善于倾听、理解他人，能够给予他人真诚的关怀与支持，从而赢得他人的信任与尊重。在职场或社会生活中，拥有人格魅力的人往往能够成为团队的领导者，引领团队不断前进。

一个拥有人格魅力的人，通常对自己有清晰的认识和定位，能够积极面对生活中的挑战与困难。他们的内心充满自信，可以体验到更深层次的幸福感。拥有人格魅力的人，还具有强烈的感染力，能够传递积极向上的价值观

和生活态度。通过他们的言行举止，周围的人会受到鼓舞和启发，从而共同营造一个更加美好的社会环境。

（三）人格魅力的构成要素

真诚是人格魅力的基石。一个真诚的人，能够坦诚地面对自己的优点与不足，不虚伪、不做作。他们善于表达自己的真实感受，能与他人建立深厚的友谊。同时，善良也是人格魅力不可或缺的一部分。善良的人懂得关心他人、帮助他人，他们的行为总能温暖人心，让他人感受到世间的美好。自信是人格魅力的外在表现之一。一个自信的人，无论面对怎样的挑战与困难，都能保持冷静与坚定，展现出非凡的勇气与毅力。他们的自信源于对自己能力的充分认识和肯定，也源于对未来充满希望的乐观态度。而坚韧则是自信的延伸，它能使人在逆境中不屈不挠、勇往直前。

智慧与才情是人格魅力的内在支撑。拥有智慧的人能够洞察事物的本质与规律，拥有独到的见解和深刻的思考。他们善于分析问题、解决问题，能够在复杂多变的环境中做出正确的决策。而才情则是指个体在某一领域或多个领域所展现出的卓越才华和创造力。拥有才情的人，往往能够以其独特的艺术表现或专业成就吸引众人的目光。

幽默与风趣是人格魅力的调味剂。一个幽默风趣的人，总能在不经意间用轻松愉快的方式化解尴尬与紧张，营造出愉悦的氛围。他们的幽默感源于其对生活的热爱，也源于其对人性深刻的理解。幽默风趣的人往往更受欢迎，因为他们能够给周围的人带来欢笑与快乐。

宽容与理解是人格魅力的润滑剂。一个宽容的人，能够包容他人的缺点与错误，给予他人改过自新的机会。他们懂得换位思考、体谅他人的难处。理解则是指对他人的思想、情感和行为进行深入的分析与解读。一个善于理解他人的人，能够更好地把握他人的需求与期望，从而提供更加贴心与有效的帮助。

责任与担当是人格魅力的核心体现。一个具有责任感的人，能够认真履行自己的职责与义务，不推诿、不逃避。他们对自己的行为负责，对他人和社会负责，展现出高度的责任感与使命感。担当则是指个体在面对困难与挑战时，能够挺身而出、勇于承担。一个有担当的人，总能在关键时刻展现出非凡的勇气与决心，引领团队走向胜利。

持续学习与成长是保持人格魅力的不竭动力。一个拥有人格魅力的人，深知学习的重要性与必要性。他们始终保持对知识的渴望与追求，不断学习新技能、新知识，提升自己的综合素质与能力。同时，他们也注重自我反思与总结，不断发现自己的不足与短板，并努力加以改进与完善。

三、职业素养与人格魅力的关系解析

职业素养是一个人在职业领域必须具备的基本素质和能力。一个缺乏职业素养的人，很难在职场中立足并取得成功。人格魅力则是个体在职业素养的基础上进一步展现出的吸引力。因此，可以说职业素养是人格魅力的基础，没有职业素养作为支撑，人格魅力将无从谈起。

人格魅力是超越职业范畴的个体综合魅力的体现，它使个体在人际交往中更加具有感染力和吸引力。一个具备高尚道德品质、深厚智慧才情、良好情绪管理能力和一定社交技巧的人，往往能够在职场中展现出非凡的人格魅力。这种人格魅力不仅有助于提升个体的职业形象和竞争力，还能够为团队和企业带来积极的影响。因此，可以说人格魅力是职业素养的升华和拓展，它使职业素养在更高层次上得到展现和发挥。职业素养与人格魅力在个体成长中相互交织、相互促进，共同构成了个体完整而丰富的人格面貌。一个职业素养高、人格魅力强的职业人，不仅能够在职场中获得成功和认可，还能够在生活中展现出积极向上、乐观豁达的人生态度。这种和谐统一的状态不仅有助于个体的全面发展和成长，还能够为社会带来更多的正能量和积极影响。

（一）职业素养与人格魅力的区别

职业素养与人格魅力在定义和侧重点上不同。职业素养更多地聚焦于职业领域，是个体完成工作任务、履行职业职责必需的素质和能力，它涵盖专业技能、行业知识、职业道德、工作态度、团队协作等多个方面的内容，是个体职业生涯取得成功的基石。人格魅力则是一个更为宽泛的概念，它超越了职业范畴，涉及个体的性格特质、道德品质、智慧才情、情绪管理、社交技巧等多个方面的内容，是个人综合魅力的体现。

（二）职业素养与人格魅力的联系

尽管职业素养与人格魅力在定义上有所区别，但它们之间却存在着千丝万缕的联系。

职业素养的提升有助于增强个体的人格魅力。一个具备扎实专业技能、严格遵守职业道德、保持积极工作态度的职业人，往往能够赢得他人的尊重和信赖，从而展现出更强的人格魅力。同样，一个拥有高尚道德品质、良好情绪管理能力和较多社交技巧的人，也更容易在职场中脱颖而出。因此，职业素养与人格魅力相互促进，共同提升个体的综合素质和竞争力。

职业素养与人格魅力在个体成长中相互补充，共同完善其人格结构。职业素养为个体提供了职业发展的方向和动力，使其能够在专业领域内不断精进；而人格魅力则是个体精神世界的展现，它使个体在人际交往中更加自信、从容、有魅力。两者相互融合，共同构成了个体完整的人格面貌。

职业素养与人格魅力在职场中相互影响，共同塑造了个体的职业形象。一个职业素养高、人格魅力强的职业人，往往能够赢得同事的尊重、上司的赏识和客户的信赖。这种职业形象不仅有助于个人职业生涯的发展，还能够为企业带来较高的社会效益和经济效益。

四、辅导员职业素养与人格魅力的特殊要求

辅导员作为高校教育体系中不可或缺的一环，承担着学生思想教育、学业指导、心理辅导、生活关怀等多重职责，其职业素养与人格魅力对于学生的成长成才具有深远的影响。相较于其他职业，辅导员的职业素养与人格魅力有着更为特殊的要求，这些要求不仅体现在辅导员专业技能的掌握上，更在于其要能够成为学生成长道路上的引路人和心灵导师。

（一）辅导员职业素养的特殊要求

辅导员作为高校思想政治教育的骨干力量，必须具备坚定的政治立场、高度的政治敏锐性和深厚的政治理论功底。这要求辅导员要深入学习党的路线方针政策，掌握马克思主义基本原理和中国特色社会主义理论体系，能够用科学的理论武装自己，引导学生树立正确的世界观、人生观和价值观。同时，辅导员还需要具备较强的政治敏锐性和鉴别力，能够准确把握国内外形势变化，引导学生正确分析社会热点问题，增强学生的政治认同感和社会责任感。

辅导员工作涉及学生思想、学习、生活等多个方面，因此辅导员必须具备全面的专业知识和技能。这些专业知识和技能通常包括心理学、教育学、社会学、管理学等相关学科的基础知识，以及学生事务管理、危机干预、职业规划、心理咨询等专业技能。辅导员应不断学习新知识、新技能，提升自己的专业素养和业务能力，以更好地满足学生多元化、个性化的需求。

辅导员是学生与学校、家庭之间的桥梁和纽带，必须具备较强的沟通协调能力。这要求辅导员能够与学生建立良好的师生关系，深入了解学生的思想和心理状况，及时发现并解决问题；同时，辅导员还需要与高校各部门、家长等保持密切联系，协调各方资源，共同促进学生全面发展。良好的沟通协调能力有助于辅导员更好地履行职责，提升工作效率和工作质量。

辅导员工作责任重大，关系到学生的成长成才和国家的未来发展。因此，辅导员必须具备强烈的责任心和使命感，把学生的利益放在首位，全心全意为学生服务。这要求辅导员关注学生的全面发展，关注学生的身心健康和成长需求，积极为学生排忧解难；同时，辅导员还需要时刻保持清醒的头脑和敏锐的洞察力，及时发现并纠正学生的不良倾向和错误行为，引导学生健康成长。

（二）辅导员人格魅力的特殊要求

辅导员作为学生思想的引路人，必须具备高尚的道德品质，包括诚实守信、正直无私、宽容大度、乐于助人等。高尚的道德品质能够赢得学生的尊重和信赖，从而增强辅导员的权威性和影响力。此外，辅导员的言行举止也会对学生产生影响，因此辅导员要时刻注意自己的言行举止，以身作则。

辅导员需要对学生投入深厚的情感，关心学生的成长和发展，关注学生的内心世界和情感体验。这种情感投入能够让学生感受到温暖，增强学生的归属感和安全感。辅导员要用自己的真心去换取学生的信任和支持，与学生建立起深厚的师生情谊。

辅导员作为独立的个体，应该具备独特的个性魅力。这种个性魅力可以体现为幽默风趣、机智灵活、乐观向上等。一个具有个性魅力的辅导员能够吸引学生的注意力，激发学生的学习兴趣和积极性；同时，也能够让学生感受到自己的亲和力，从而增强师生之间的交流和互动。独特的个性魅力有助于辅导员更好地开展工作，提高工作效率。辅导员需要具备积极的人生态度，面对困难和挑战时要能够保持乐观向上的心态。这种积极的人生态度能够感染学生，让学生在面对挫折和失败时保持坚韧不拔的精神风貌。辅导员要用自己的实际行动向学生展示积极向上的生活态度和价值观念，引导学生树立正确的人生目标。

辅导员的职业素养与人格魅力是相互促进、相辅相成的。一方面，职业素养的提升有助于提高辅导员的专业能力和业务水平，使其更好地履行职责；

同时，也能够提升辅导员在学生心目中的形象和地位，增强其权威性和影响力。另一方面，人格魅力的展现能够增强辅导员的亲和力和感召力，使其更容易与学生建立起良好的师生关系；同时，也能够促进辅导员与学生之间的交流和互动，使辅导员更好地了解学生的需求和想法。

第二节　辅导员职业素养提升的意义

一、职业素养的提升有助于辅导员的职业发展

职业素养作为辅导员在职业生涯中必须具备的专业能力、道德品质、工作态度及价值观念的综合体现，对其职业发展具有深远且广泛的影响。

（一）职业素养是辅导员职业发展的基石

辅导员的职业素养首先体现在其对专业知识和相关技能的掌握上。对于辅导员来说，专业知识和相关技能通常包括心理学、教育学、社会学等相关学科的基础知识，以及学生事务管理、心理咨询、职业规划等专业技能。扎实的专业基础是辅导员有效开展工作的前提，也是其职业发展的基石。只有具备了这些专业知识与技能，辅导员才能在面对复杂多变的学生问题时，做到游刃有余，精准施策。

职业素养还体现在辅导员的职业形象上。一个具备较高职业素养的辅导员，往往能够展现出良好的职业道德、工作态度和职业风范。良好的职业形象不仅能够赢得学生的尊重和信赖，还可以提升辅导员在同事、领导心目中的形象。良好的职业形象是辅导员职业发展的基础，有助于其在职业生涯中

获得更多的机会和资源。

（二）职业素养的提升可促进辅导员能力的提升

辅导员在日常工作中需要面对各种复杂的学生问题，如学业困难、心理困扰、人际关系紧张等。职业素养的提升有助于辅导员提升问题解决能力，使其能够迅速识别问题本质，制定有效的解决方案，并付诸实施。问题解决能力的提升不仅能提高辅导员的工作效率和工作质量，也能增强辅导员的职业自信心和成就感。

沟通协调能力是辅导员必备的职业素养之一。通过不断提升职业素养，辅导员可以更加熟练地运用沟通技巧和策略，与学生、家长、同事及领导建立良好的关系。沟通协调能力的提升有助于辅导员更好地整合资源、协调各方力量，共同促进学生的全面发展。在快速变化的社会环境中，辅导员需要具备创新思维来应对新的挑战和问题。

职业素养的提升可以激发辅导员的创新意识，使其勇于尝试新方法、新思路，并以更加灵活和高效的方式开展工作。创新意识不仅有助于辅导员解决当前的问题，也能为其职业发展开辟更广阔的空间。

（三）职业素养的提升可为辅导员拓展职业发展空间，明确职业发展方向

职业素养的提升能为辅导员拓展职业发展空间。随着专业能力的增强和工作经验的积累，辅导员可以逐步向更高层次的管理岗位或专业领域发展。例如，他们可以晋升为院系学生工作负责人、学生处处长等；也可以深入研究某一专业领域，成为该领域的专家或学者。这些职业路径的选择都离不开职业素养的支撑和推动。

职业素养的提升还有助于辅导员明确职业发展方向。通过不断学习和实践，辅导员可以更加清晰地认识到自己的优势和不足，从而制定符合自身特

点的职业发展规划。明确的职业发展方向不仅有助于辅导员在职业生涯中保持动力和热情，也能为其实现职业目标提供有力的保障。

（四）职业素养的提升可增强辅导员的职业认同感与职业成就感

职业素养的提升有助于辅导员增强职业认同感。当辅导员具备较高的职业素养时，他们能够更加深刻地认识到自己工作的价值和意义，从而更加热爱工作。职业认同感的增强不仅能提高辅导员的工作积极性和满意度，也能为其职业发展注入不竭动力。

职业素养的提升还有助于辅导员增强职业成就感。当辅导员成功解决学生问题、帮助学生成长成才时，他们的职业成就感就会增强。职业成就感的增强不仅能提高辅导员的自信心，也能为其职业发展提供源源不断的动力支持。

二、职业素养的提升有助于辅导员工作效率的提高

在高等教育体系中，辅导员作为连接高校与学生的桥梁，其工作效率直接影响着学生工作的效果。职业素养作为辅导员在职业生涯中展现出的专业能力、道德品质、工作态度及价值观念的综合体现，对于提高辅导员的工作效率具有不可忽视的作用。

（一）职业素养的提升可奠定高效工作的基础

辅导员具备的专业知识和掌握的专业技能是其高效工作的基石。辅导员具备扎实的心理学、教育学等学科知识，以及心理咨询、职业规划等专业技能，使其在面对学生问题时能够迅速定位、准确分析并有效应对。这种专业知识和专业技能的支撑，能减少辅导员在处理问题时的盲目性，从而提高工

作效率。

职业素养高的辅导员往往能够清晰地认识到自己的工作职责和角色定位，明确工作目标和任务。他们能够根据高校的总体要求和学生的实际需求，制订科学合理的工作计划。清晰的角色定位和合理的工作计划，可使辅导员有条不紊地推进各项工作，避免工作的随意性和盲目性，从而提高工作效率。

（二）职业素养的提升可促进工作方法的优化

面对复杂多变的学生问题和工作环境，职业素养高的辅导员具备较强的灵活应变能力和创新能力。他们能够根据具体情况灵活调整工作方法和策略，以更加高效的方式解决问题。同时，他们还能够勇于尝试新方法、新思路，不断改进和完善工作流程，提高工作效率。

辅导员工作涉及多个部门和人员的协作，良好的沟通与协作能力是提高辅导员工作效率的关键。职业素养较高的辅导员具备良好的沟通能力与协作能力，能够与学生、家长、同事及领导保持密切沟通，共同推进学生工作。良好的沟通与协作能力，能有效减少信息传递的障碍，从而提高辅导员的工作效率。

（三）职业素养的提升可加大工作执行的力度

职业素养高的辅导员具备强烈的责任心和使命感，他们深知自己工作的重要性和影响力。因此，在工作中他们能够全力以赴、尽职尽责地完成各项任务。这种强烈的责任心和使命感，使辅导员在面对困难和挑战时能够保持坚定的信念，确保工作的高效进行。

时间管理和任务分配是提高工作效率的重要手段。职业素养高的辅导员能够合理安排时间，确保各项任务在规定时间内高质量完成。同时，他们还能够根据团队成员的特长和能力进行合理的任务分配，从而提高团队的整体工作效率。

（四）职业素养的提升可增强工作效果的可持续性

职业素养高的辅导员不仅关注学生的当前问题，更注重培养学生的自主发展能力和成长潜力。他们通过引导学生树立正确的世界观、人生观和价值观，帮助学生解决思想困惑和心理问题，促进学生的全面发展。这种注重学生长远发展的教育理念，使辅导员的工作效果具有可持续性。职业素养高的辅导员能够与学生建立良好的关系。他们通过关心学生的成长和发展，积极解决学生的实际问题，从而赢得学生的尊重和信赖。

三、职业素养的提升可促进辅导员个人成长

职业素养作为辅导员在职业生涯中展现出的专业能力、道德品质、工作态度及价值观念的综合体现，对辅导员的个人成长具有显著的促进作用。

职业素养高的辅导员在工作中能够展现出较高的专业水平，从而增强他们的职业自信心和成就感。这种自信心和成就感的增强使辅导员在面对挑战和困难时能够更加从容应对，保持积极向上的心态，进而提高工作效率。

较高的职业素养不仅有助于辅导员在当前岗位上更好地履行职责和发挥作用，还能为其未来的职业发展和晋升奠定坚实的基础。随着职业素养的不断提高和工作经验的积累，辅导员可以逐步向更高层次的管理岗位或专业领域发展，实现个人价值的最大化。

（一）职业素养的培养可奠定个人成长的基础

职业素养的重要表现是专业知识的积累与深化。辅导员通过不断学习心理学、教育学等相关学科的理论知识，以及掌握学生事务管理、心理咨询、职业规划等专业技能，可以奠定扎实的专业基础。这一过程不仅能为辅导员提供解决问题的工具和方法，更能在潜移默化中塑造他们的专业思维方式，

提高他们解决问题的能力，为其个人成长奠定坚实的基础。

职业素养还体现在辅导员的职业道德上。良好的职业道德要求辅导员具备责任心、使命感和奉献精神，始终以学生为中心，关注学生的全面发展和成长。这种职业道德的塑造与强化，能使辅导员在职业生涯中坚守初心、不忘使命，为个人成长提供强大的精神动力。

（二）职业素养的提升可激发个人潜能与创造力

职业素养的提升过程，实际上也是辅导员不断挑战自我、超越自我的过程。在这个过程中，辅导员需要不断学习新知识、掌握新技能、适应新环境。这些挑战促使他们不断挖掘自身潜能，实现自我价值的最大化。当辅导员看到自己的努力成果时，会进一步增强自信心和成就感，从而更加积极地投入到工作中去。

职业素养较高的辅导员往往具备较强的创造力。他们能够在工作中勇于尝试新方法、新思路，不断改进和完善工作流程，提高工作效率和工作质量。职业素养的提升不仅有助于辅导员解决当前的问题，更能为辅导员的个人成长提供广阔的发展空间。通过不断创新和实践，辅导员可以逐渐形成自己的工作风格和特色，成为学生工作领域的佼佼者。

（三）职业素养的提升可促进个人综合素质的提升

沟通协调能力是辅导员必备的职业素养之一。通过与学生、家长、同事及领导的频繁沟通，辅导员的沟通协调能力能得到极大的锻炼和提升。这种能力的提升不仅有助于辅导员更好地开展工作，还能为他们在职业生涯中拓展人脉资源、建立良好关系提供有力支持。同时，沟通协调能力也是个人综合素质的重要组成部分，对于辅导员的个人成长具有重要意义。

辅导员工作具有复杂性和挑战性，他们需要面对各种突发情况和压力。职业素养高的辅导员往往具备较强的心理承受能力和抗压能力。他们能够在面对困难和挑战时保持冷静和理智，积极寻求解决方案并付诸实施。这种心理承受能力和抗压能力的提高，不仅有助于辅导员更好地应对工作挑战，还能为他们在职业生涯中保持积极向上的心态提供有力保障。

（四）职业素养的提升可推动个人职业规划的制定

职业素养的提升能使辅导员更加清晰地认识到自己的职业定位和发展方向。他们能够根据自身的专业特长、兴趣爱好和职业规划目标，制定科学合理的职业发展规划并付诸实施。这种明确的职业定位和发展方向能为辅导员的个人成长提供动力。

职业素养高的辅导员往往能够在职业生涯中获得更多的发展机会和空间。他们能凭借扎实的专业基础、良好的职业道德和突出的工作表现，赢得学校、学生和社会的广泛认可和赞誉。

职业素养的提升是一个持续不断的过程。在这个过程中，辅导员需要不断学习新知识、掌握新技能，以适应不断变化的工作环境和学生需求。这种持续学习的经历能使辅导员逐渐形成终身学习的理念，并将其内化为自己的行为习惯。这种理念不仅有助于辅导员在职业生涯中保持竞争力，还能为他们的个人成长提供源源不断的动力支持。

职业素养高的辅导员往往具备强烈的社会责任感和使命感。他们始终将学生的成长和发展放在首位，并为之不懈努力。强烈的社会责任感和使命感不仅使辅导员在工作中更加投入和专注，还能为他们在职业生涯中保持积极向上的心态提供有力支撑。

四、职业素养的提升有助于辅导员塑造良好社会形象

在高等教育领域，辅导员作为连接学校与学生的桥梁，其社会形象不仅关乎个人声誉，更直接影响到高校形象。职业素养的提升对于辅导员塑造良

好的社会形象具有不可替代的作用。

（一）职业素养的提升有助于辅导员塑造专业形象

辅导员具备扎实的专业知识与技能是其塑造专业形象的基础。通过深入学习心理学、教育学等学科的知识，以及熟练掌握学生事务管理、心理咨询、职业规划等专业技能，辅导员能够在面对学生问题时，为其提供专业、准确的指导和建议。这种专业能力的展现，能使辅导员在学生和社会公众中树立起专业、可靠的形象，加强学生和社会公众对辅导员的信任。

辅导员职业素养的提升并非一蹴而就的，而是需要辅导员持续不断地学习新知识，掌握新技能。通过参加专业培训、学术研讨、实践锻炼等，辅导员能够不断更新知识结构，提高专业能力。这种持续学习的态度，能进一步巩固辅导员的专业形象，使他们成为学生值得信赖和依靠的专业人士。

（二）职业素养的提升有助于辅导员彰显高尚道德品质

职业素养不仅体现在辅导员的专业技能上，更蕴含在辅导员的道德品质之中。辅导员应以身作则，遵守社会公德、职业道德，展现出高尚的道德品质。这种道德品质的彰显，能使辅导员成为学生和社会公众的楷模。辅导员的道德品质不仅需要通过言语来表现，更需要通过实际行动来表现。在工作中，辅导员应始终以学生为中心，关注学生的全面发展和成长，积极解决学生的各种问题。同时，辅导员还应积极参与社会公益活动，传递正能量和爱心，展现出良好的社会责任感和公民意识。

（三）职业素养的提升有助于辅导员提升学生信任度

职业素养的提升对于辅导员而言，是提升学生信任度的关键所在。一个具备专业素养、教育智慧和人文关怀的辅导员，能够通过其专业的引导、耐心的解答和贴心的关怀，赢得学生的尊重与信赖。通过不断学习、实践和反思，辅导员能够不断提升自身的职业素养，包括心理辅导能力、职业规划指导能力以及危机干预能力等。这些能力的增强将有助于辅导员更加精准地把握学生的需求，提供更加个性化的帮助和支持。

同时，职业素养的提升也意味着辅导员能够更加有效地与学生进行沟通和交流，建立起更加紧密和稳固的师生关系。这种关系的建立，不仅能够增强学生的信任感，还能够激发学生的学习热情，促进他们的全面发展。

（四）职业素养的提升有助于辅导员增强社会影响力

职业素养的提升对于辅导员而言，不仅是个人成长与进步的体现，更是增强其社会影响力的重要方式。一个具备较高职业素养的辅导员，往往可以通过自身的言行举止传递正能量，影响并带动周围的人共同进步。

随着职业素养的不断提升，辅导员在教育领域的专业性将得到更多的认可。他们不仅能够为学生提供优质的教育服务和指导，还能够积极参与社会公益活动，传递教育正能量，为社会和谐稳定贡献力量。同时，他们还能够与其他教育工作者、家长以及社会各界建立更加紧密的联系，共同推动教育事业的发展。

因此，职业素养的提升不仅有助于辅导员在教育领域树立良好形象，更能够增强其在社会中的影响力和号召力，能够让他们为社会培养出更多的优秀人才，推动社会进步。

五、职业素养的提升有助于高校品牌建设

辅导员职业素养的提升，不仅有助于辅导员的个人成长，更对高校品牌建设的整体推进具有深远影响。在教育行业竞争日益激烈的今天，高校的品牌形象已成为衡量其教育质量、管理水平及社会价值的重要指标。辅导员作为高校与学生之间的桥梁，其职业素养的高低直接反映了高校的教育理念和

师资水平，进而影响学生对高校的整体印象和信任度。

职业素养的提升意味着辅导员在教育理念、教学技能、心理辅导、职业规划指导等多方面的全面增强。他们能够运用更加科学、有效的方法引导学生健康成长，解决学生在学习、生活中遇到的各种问题，从而引导学生对高校产生信赖感。这种信赖感是高校进行品牌建设的重要基石，它不仅能够吸引更多优秀生源，还能够激发在校学生的归属感与自豪感，形成积极向上的校园文化氛围。

此外，职业素养高的辅导员往往能够积极参与高校各项活动，成为校园文化建设的推动者。他们通过组织丰富多彩的校园文化活动，不仅能丰富学生的课余生活，还能促进学生综合素质的全面提升，从而为高校赢得良好的社会声誉。可以说辅导员职业素养的提升是高校品牌建设不可或缺的一环，它有助于提升高校的整体竞争力，推动高校向更高水平发展。

第三节　提升辅导员职业素养
与人格魅力的途径

一、加强职业道德的培养

在高等教育体系中，辅导员作为学生思想政治教育工作的重要力量，承担着引导学生健康成长、促进学生全面发展的重任。其职业道德不仅直接关系到学生工作的质量和效果，更对学生的人格塑造和价值观形成具有深远影响。因此，加强辅导员的职业道德培养，是提高辅导员队伍整体素质，推动学生工作高质量发展的重要途径。

（一）加强职业道德培养的重要性

辅导员作为与学生接触最为频繁的教师群体之一，其言行举止对学生具有直接的示范作用。加强职业道德培养，有助于辅导员树立正确的教育观念，增强责任感和使命感，自觉遵守教师职业道德规范，做到言行一致、以身作则，为学生树立良好榜样，营造风清气正的校园环境。

职业道德是辅导员开展工作的基石。具备高尚职业道德的辅导员，能够更加专注于学生工作，以高度的责任心和敬业精神投入到日常工作中，不断提高工作质量。他们能够以学生的需求为出发点，积极创新工作方法，优化工作流程，为学生提供更加贴心、高效的服务和支持。

辅导员不仅是学生思想上的引路人，更是学生成长道路上的重要伙伴。加强辅导员职业道德培养，有助于其更好地理解和尊重学生，关注学生的个体差异和全面发展需求，也有助于其以更加包容、开放的心态，引导学生树立正确的世界观、人生观和价值观，激发学生的潜能和创造力，促进学生德智体美劳全面发展。

辅导员作为高校开展学生思想政治教育的骨干力量，其职业道德直接关系到高校的形象与声誉。一个拥有高素质辅导员队伍的高校，能够赢得社会各界的广泛认可。相反，如果辅导员队伍中存在职业道德缺失的现象，将严重损害高校的形象和声誉，影响高校的长远发展。

（二）职业道德培养的内容

辅导员应树立正确的职业观念，明确自身在学生工作中的角色定位和价值追求。辅导员应认识到自身工作的重要性和神圣性，将促进学生的全面发展和成长成才作为自己的使命和责任。同时，辅导员还应树立服务意识，积极为学生提供各种帮助和支持。辅导员应严格遵守教师职业道德规范和相关法律法规，做到诚实守信、廉洁自律、公正公平。在工作中，辅导员应尊重学生的人格尊严和合法权益，不得利用职权牟取私利或损害学生利益。同时，辅导员还应注重维护学术诚信和学术道德，杜绝学术不端行为的发生。

良好的职业道德是辅导员必备的职业素养之一。辅导员应做到勤奋敬业、尽职尽责、勇于担当。在工作中，辅导员应积极主动、认真负责地完成各项任务，不断提高自己的工作能力和水平。同时，辅导员还应注重团队合作能力和沟通协调能力的培养，与同事和学生建立良好的人际关系。辅导员应强化法律意识和规则意识，自觉遵守国家法律法规和学校规章制度。在工作中，辅导员应做到依法办事、依规行事，不得违反法律法规和学校规定。同时，辅导员还应加强对学生法治教育的引导，帮助学生树立正确的法治观念。

（三）职业道德培养的实施路径

高校在加强辅导员职业道德培养时应注重理论与实践相结合。高校可以组织辅导员参加各种形式的职业道德教育和培训活动，如专题讲座、案例分析、研讨交流等，帮助辅导员深入理解职业道德的要求。同时，高校还应鼓励辅导员积极参与学生工作实践，通过实践不断检验和提升自己的职业道德素养。

高校应建立健全辅导员职业道德考核机制，将职业道德考核纳入辅导员绩效考核体系之中。通过定期考核和评估辅导员的职业道德表现，高校可及时发现和纠正辅导员存在的问题。同时，高校还应将考核结果与辅导员的职务晋升、薪酬待遇等挂钩，形成有效的激励和约束机制。

高校应注重发挥优秀辅导员的榜样引领作用，通过宣传那些具有高尚职业道德的辅导员的典型事迹，激励广大辅导员向他们学习。同时，高校还可以组织开展辅导员"比学赶超"等活动，激发辅导员的工作热情和创造力，推动辅导员队伍整体素质的不断提高。高校应加强对辅导员职业道德的社会监督和舆论引导工作，公开辅导员的工作职责和履职情况等信息，使辅导员接受社会各界的监督和评价。同时，高校还应积极与媒体合作，开展宣传报道工作，传播正能量，营造良好的社会氛围和舆论环境。

二、注重知识积累与专业技能提升

在高等教育发展环境日益复杂化的今天，辅导员作为学生工作的重要推动力量，其角色已经远远超出了传统意义上的"生活老师"或"思想导师"。辅导员不仅是学生成长道路上的引路人，更是他们心理健康的守护者、职业规划的指导者以及社会适应能力的培养者。因此，辅导员必须注重知识积累与专业技能的提升，以更好地适应新时代学生工作的需求，为学生的全面发展提供有力支持。

（一）知识积累：辅导员专业素养的基石

辅导员的工作涉及思想政治教育、心理健康教育、职业规划指导、学生事务管理等多个方面，这要求辅导员必须具备丰富的知识储备。从哲学、政治学、教育学等基础理论，到心理学、社会学、法律等实用知识，再到与学生兴趣相关的文化、艺术、科技等前沿信息，辅导员都应有所涉猎。丰富的知识储备能够帮助辅导员更好地了解学生的需求，从而提供更全面、更专业的服务。

在广泛涉猎的基础上，辅导员还需要深化对教育规律、学生成长规律以及社会发展规律的理解。这包括对学生心理发展特点、学习规律、价值观念形成过程等方面的深入研究，以及对国家教育政策、社会发展趋势的准确把握。只有深刻理解了这些规律，辅导员才能更加科学地开展工作，有效促进学生的全面发展。

知识是不断更新的，辅导员必须树立终身学习的理念，紧跟时代步伐，不断吸收新知识、新技能。特别是在信息化、网络化高速发展的今天，辅导员需要掌握现代信息技术手段，如社交媒体运用、大数据分析等，以便更好地与学生沟通和交流，了解他们的思想动态和行为习惯。

（二）专业技能提升：辅导员工作效能的保障

随着社会对心理健康问题的关注度不断提高，辅导员的心理咨询与辅导能力显得尤为重要。辅导员需要掌握基本的心理咨询理论和方法，能够识别学生的心理问题，提供有效的心理支持和干预。同时，辅导员还需要具备较强的沟通能力和同理心，能够与学生建立信任关系，帮助他们解决心理困扰。职业规划与就业创业指导是辅导员工作的重要内容之一。辅导员需要了解职业发展趋势、市场需求以及学生的兴趣和能力特点，为学生提供个性化的职业规划建议和就业创业指导。这要求辅导员掌握丰富的职业信息，以及科学的职业规划指导方法和技巧。

在学生工作中，辅导员难免会遇到各种突发事件和危机情况。辅导员需要具备敏锐的洞察力和判断力，能够迅速识别危机信号并采取相应的干预措施。同时，辅导员还需要掌握危机处理的基本流程和原则，确保在危机处理过程中既能够保护学生的利益和安全，又能够维护学校的稳定和谐。辅导员往往需要与其他部门、其他教师以及学生家长等多方进行协作。因此，辅导员需要具备良好的团队合作能力和协调能力。这包括能够积极参与团队讨论和决策、有效分配工作任务和资源、妥善处理团队内部的矛盾和冲突等。通过团队合作和协调，辅导员可以与其他力量形成合力，共同推动学生工作的顺利开展。

（三）辅导员知识积累与专业技能提升的策略

高校应定期组织辅导员参加专业培训和学术交流活动，邀请专家学者进行授课和指导。通过参加这些活动，辅导员可以接触到最新的教育理念，拓宽视野、更新知识。同时，与同行交流经验和心得也是辅导员提升专业技能的重要途径之一。

除参加专业培训外，辅导员还需要注重自主学习和实践探索。通过阅读专业书籍、期刊论文等，辅导员可以深入了解相关领域的前沿动态和研究成果；通过参与实践活动、开展课题研究等方式，辅导员可以积累丰富的实践经验并不断提升自己的专业技能。

辅导员可以建立个人成长档案来记录自己的学习过程、工作经历以及成长变化。这有助于辅导员清晰地认识到自己的优势和不足，并有针对性地制订提升计划。同时，个人成长档案也是辅导员职业生涯发展的重要见证和参考依据。

反思与总结也是辅导员加强知识积累、提升专业技能的重要方法。每次工作结束后或遇到问题时，辅导员都应该及时反思自己的工作过程和效果，总结经验教训并找出改进的方向。通过反思与总结，辅导员可以不断完善自己的工作方法和策略，提高工作质量。

三、培养良好心态与情绪管理能力

在高等教育领域，辅导员不仅是学生思想的引路人，更是他们心灵成长的同行者。面对复杂多变的学生群体和多样化的学生需求，辅导员必须具备较强的心理素质和情绪管理能力，以积极、健康的心态应对工作中的挑战与困难。

（一）辅导员心态要求

辅导员身兼数职，既是学生思想政治工作的骨干力量，又是学生心理健康的守护者、职业规划的指导者以及日常事务的管理者。这种多重角色的融合要求辅导员具备高度的责任心、耐心和爱心，以及灵活应对各种情况的能力。在面对繁重的工作任务、复杂的人际关系以及突发事件时，辅导员的心态将直接影响其工作效率和工作质量。一个拥有良好心态的辅导员能够保持冷静、乐观和自信，有效应对各种挑战；而心态不佳的辅导员则可能陷入焦虑、沮丧甚至消极怠工的状态。

（二）良好心态的重要性

良好的心态能够使辅导员保持积极向上的工作状态，激发其工作热情和创造力，从而提高工作效率。

辅导员的工作具有高度的挑战性和不确定性，他们常常需要面对各种压力。良好的心态能够帮助辅导员增强抗压能力，使他们在面对压力时能够保持冷静、理智的精神状态，从而有效应对各种挑战和困难。长期处于高压状态对辅导员的身心健康极为不利。良好的心态有助于辅导员保持心理平衡和情绪稳定，减少焦虑、抑郁等负面情绪的产生，从而维护身心健康。

（三）良好心态与情绪管理能力的培养策略

辅导员首先要学会自我认知，了解自己的性格特点、情绪反应模式以及价值观等。在此基础上，辅导员要学会接纳自己的不完美和局限性，以平和的心态面对自己的优点和不足。通过自我认知与接纳，辅导员能够增强自我认同感和自信心，为积极的情绪管理打下坚实的基础。

辅导员需要具备较强的情绪识别能力，要能够准确感知自己和他人的情绪变化。同时，要学会以适当的方式表达自己的情绪，避免情绪积压和爆发。通过情绪识别与表达，辅导员能够更好地理解学生的需求和情感状态，为学生提供更加贴心和有效的帮助。面对负面情绪时，辅导员需要学会采用有效的情绪调节策略进行应对。例如，通过深呼吸、冥想等放松技巧来缓解紧张情绪；通过积极思维训练来转变负面思维模式；通过寻求社会支持来减轻压力等。此外，辅导员还可以根据具体情况制订个性化的情绪管理计划，以提高情绪管理的针对性和有效性。

情绪管理是一项复杂的心理实践活动。辅导员必须持续不断地学习，积极参加相关培训和交流活动，不断提高自己的情绪管理能力。同时，辅导员要关注自己的情绪变化和心理状态，及时寻求专业帮助和支持，以促进个人成长和发展。

（四）实践应用：将良好心态与情绪管理能力融入工作

辅导员作为学生成长道路上的引路人，应该以身作则，为学生树立良好的榜样。辅导员应在工作中展现出积极、乐观、自信的心态，用自己的言行影响学生，通过榜样示范作用，引导学生形成健康向上的心态。

辅导员要密切关注学生的情绪变化和心理状态，及时发现并帮助学生解决心理问题。辅导员可通过谈心谈话、心理疏导等方式为学生提供必要的帮助和支持；同时，应鼓励学生积极参与心理健康教育活动，提高学生的自我心理调适能力。

辅导员要积极营造和谐的工作氛围，与同事建立良好的人际关系。辅导员可通过团队合作减轻工作压力和负担；同时，要关注同事的情绪变化和心理状态，及时给予关心和支持。通过营造和谐的工作氛围，辅导员可促进团队凝聚力和工作效率的提升。

辅导员也要注重个人成长与发展，不断提高自己的专业素养和综合能力。辅导员应通过持续学习和实践不断提高自己的情绪管理能力和工作水平；同时，应关注自己的身心健康和职业发展需求，合理规划职业生涯。辅导员实现个人成长与发展，有助于更好地为学生服务。

四、通过实践活动锻炼领导力与团队协作能力

在高等教育体系中，辅导员不仅是学生思想政治教育的引领者，更是学生综合素质培养的推动者。随着教育理念的更新和学生需求的多样化，辅导员的角色日益重要，他们不仅需要具备扎实的专业知识，更需要在实践中不

断锻炼领导力与团队协作能力，以更好地为学生的全面发展服务。

（一）辅导员领导力与团队协作能力的内涵

领导力是指个体在特定情境中，通过影响他人行为以实现共同目标的能力。对于辅导员而言，领导力不仅体现在对学生个体的指导和引导上，更在于激发整个学生群体的潜能，促进团队凝聚力和向心力的形成。辅导员的领导力包括决策能力、沟通能力、激励能力、创新能力等多个方面，这些要素相互作用，共同构成了辅导员领导力的核心。

团队协作能力是指个体在团队中与他人协作完成任务的能力。在辅导员工作中，团队协作能力尤为重要。辅导员需要与不同背景、不同性格的学生、教师及管理人员进行有效沟通与合作，共同解决学生工作中遇到的问题。良好的团队协作能力有助于辅导员提高工作效率，减少与他人的冲突，促进团队和谐与稳定。

（二）实践活动对锻炼领导力与团队协作能力的重要性

实践是辅导员提升领导力与团队协作能力的关键。通过参与实践活动，辅导员可以将所学理论知识应用于实际工作中，检验其有效性和适用性，从而不断完善自己的团队协作方式。

实践活动为辅导员提供了真实的工作情境，使他们能够直面挑战和困难，锻炼其应对复杂问题的能力。在真实的工作情境中，辅导员需要快速作出决策、有效沟通协调、激发团队潜能，这些经历都是提升领导力和团队协作能力的宝贵财富。参与实践活动不仅有助于辅导员个人能力的提升，还能促进整个团队的成长和发展。在共同完成任务的过程中，辅导员与学生、同事之间建立了深厚的信任，增强了团队的凝聚力和向心力。同时，实践活动也为辅导员提供了展示自己才华和能力的舞台，有助于他们在职业生涯中取得更大的成功。

（三）具体实施策略

辅导员可以积极策划和组织各类学生活动，如文艺晚会、体育赛事、志愿服务等。在活动筹备过程中，辅导员需要制订详细的活动方案、分配任务、协调资源，并与学生团队保持密切沟通。这些活动不仅可以锻炼辅导员的组织协调能力和决策能力，还能促进学生之间的相互协作和理解。

辅导员可以担任学生社团的指导老师或顾问，为学生提供专业指导和支持。在社团活动中，辅导员需要引导学生制定社团发展规划、组织社团活动、解决社团内部矛盾等。通过与社团成员的紧密合作，辅导员可以深入了解学生的需求和兴趣点，提高自己的沟通能力。辅导员可以定期组织团队建设活动，如户外拓展训练等。这些活动旨在增强团队成员之间的信任感，提升团队的协作能力和凝聚力。同时，辅导员还可积极参加专业培训活动。通过专业培训，辅导员可以学习先进的领导理念和团队协作技巧，不断提升自己的专业素养和能力水平。

辅导员应积极参与高校的各项管理和决策工作，如学生工作规划、政策制定等。在参与上述工作的过程中，辅导员需要充分表达自己的意见和建议，与校领导和其他部门保持有效沟通。参与上述工作不仅有助于辅导员了解高校整体运作情况，还能培养其决策能力和大局观。

（四）成效评估与反思

为了评估实践活动对辅导员领导力与团队协作能力的影响，高校可以建立科学的评估体系。评估内容可以包括活动效果、学生反馈、团队协作情况等。通过收集和分析相关数据和信息，高校可以客观评价辅导员在实践活动中的表现和成长情况。

在实践活动结束后，辅导员应进行深入的反思和总结。他们应该回顾自己在活动中的表现和不足之处，分析原因并采取改进措施。同时，辅导员还可以与其他同事交流经验和心得，共同探讨如何进一步提升领导力和团队协作能力。通过反思和改进，辅导员可以不断完善自己的团队协作方式，为未来有效开展学生工作奠定坚实的基础。

第四节　辅导员职业素养
与人格魅力的展现

一、辅导员应在日常工作中展现职业素养

在高等教育的广阔舞台上，辅导员发挥着重要作用。他们不仅是学生思想上的引路人，更是学生成长道路上的同行者和指导者。辅导员的言行举止直接体现了其职业素养的高低。

职业素养是指个体在从事某一职业时所应具备的综合素质和能力，包括职业道德、职业技能、职业态度、职业行为等多个方面的内容。对于辅导员而言，职业素养不仅体现在专业知识、沟通能力和组织协调能力上，更体现在其日常工作中的一言一行所展现出的专业精神、责任意识和人文关怀上。

（一）辅导员在日常工作中展现职业素养的重要性

辅导员是学生接触最频繁的教师群体之一，他们的言行举止直接影响着学生对学校的认知和评价。一个具备良好职业素养的辅导员，能够以自己的专业精神和人格魅力赢得学生的尊重和信任，进而在学生心中树立良好的形象。

辅导员在日常工作中展现良好的职业素养，有助于辅导员与学生建立平

等、尊重、信任的师生关系。辅导员通过真诚的交流、耐心的倾听和有效的指导，能够帮助学生解决成长中遇到的问题，增强学生的归属感和幸福感。职业素养高的辅导员能够迅速适应工作环境，高效完成工作任务。他们具备清晰的工作思路、良好的时间管理能力和解决问题的能力，能够在复杂多变的工作环境中保持冷静和理智，确保工作顺利进行。

辅导员作为校园文化的重要传播者和建设者，其职业素养直接影响着校园文化建设的质量和水平。辅导员在日常工作中展现良好的职业素养，积极倡导和践行社会主义核心价值观，能够引导学生树立正确的世界观、人生观和价值观，推动校园文化的繁荣发展。

此外，辅导员在日常生活中展现良好的职业素养，还有助于提升高校的教育质量和管理水平。辅导员可通过开展专业的咨询和管理工作，有效解决学生在学习和生活中遇到的问题，为学生创造一个良好的学习环境。

（二）辅导员在日常工作中展现职业素养的方式

辅导员应始终保持对工作的高度责任心和敬业精神，认真对待每一项工作任务。无论是学生日常管理、思想政治教育还是心理健康教育等工作，辅导员都应做到细致入微、精益求精。同时，辅导员还应注重工作方法的创新和实践经验的积累，不断提高自己的工作效率和工作质量。辅导员应具备扎实的专业知识和丰富的实践经验，应能够准确把握学生成长规律和特点，为学生提供有针对性的指导和帮助。在日常工作中，辅导员应不断学习新知识、新技能和新方法，保持与时俱进的学习态度。

辅导员应具备良好的沟通能力和倾听能力，能够与学生进行有效的沟通。在与学生交流时，辅导员应注重语言的准确性和恰当性，避免使用过于生硬或语意模糊的词语。

同时，辅导员还应善于倾听学生的意见和建议，关注学生的需求和感受，积极回应学生关心的问题。辅导员应具备良好的情绪管理能力，能够在面对工作压力和挑战时保持冷静和理智。

在日常工作中，辅导员应学会调节自己的情绪状态，保持积极向上的心态；同时，还应关注学生的情绪变化和心理状态，及时给予关心和支持，帮助学生缓解压力和焦虑情绪。

在多元文化背景下，辅导员应尊重学生的个性差异，以包容的心态看待学生的不同观点和行为方式。在日常工作中，辅导员应鼓励学生表达自己的意见和想法，尊重学生的选择和决定；同时，还应关注学生的心理健康和成长需求，为学生提供个性化的指导和帮助。

此外，辅导员应自觉加强学习，注重自我提升，不断更新自己的知识结构。辅导员也应定期对自己的工作进行反思和总结，分析自己在工作中的优点和不足之处，并采取相应的改进措施，从而不断提升自己的职业素养和工作能力。

二、辅导员应在处理学生事务时展现专业能力与人格魅力

在高等教育的殿堂里，辅导员作为学生工作的主力军，肩负着引导学生健康成长，促进学生全面发展的重任。在处理纷繁复杂的学生事务时，辅导员的专业能力与人格魅力如同双翼，共同支持着他们更好地开展学生工作。

（一）专业能力与人格魅力在处理学生事务过程中的重要性

在处理学生事务时，辅导员需要具备扎实的专业知识和丰富的实践经验，以便准确地判断问题性质、分析问题原因、制定解决方案。专业能力强的辅导员能够迅速掌握问题的核心，不被表面现象所迷惑，从而更加有效地解决问题。除专业能力外，辅导员的人格魅力同样重要。它能够使辅导员在与学

生交流时更加亲和、自然，消除学生的抵触情绪和心理隔阂。具有人格魅力的辅导员能够更好地理解学生的需求和感受，与学生建立相互信任、相互尊重的师生关系，为解决问题创造有利条件。

在处理学生事务时，辅导员的专业能力与人格魅力密切相关、相辅相成，共同发挥着重要作用。专业能力为辅导员提供了解决问题的工具和手段，而人格魅力则使这些工具和手段更加有效地发挥作用。

（二）专业能力与人格魅力在处理学生事务过程中的具体表现

在处理学生事务的过程中，辅导员的专业能力具体表现在以下方面：辅导员能够快速识别学生问题的性质和严重程度，不盲目处理或延误时机；能够运用专业知识分析问题产生的根源和影响因素，为制定解决方案提供依据；能够根据问题性质和原因分析结果，制定科学合理的解决方案，确保问题得到有效解决；能够有条不紊地执行解决方案并跟踪执行效果，及时调整优化方案以确保问题彻底解决。

在处理学生事务的过程中，辅导员的人格魅力具体表现在以下方面：辅导员真心关心学生的成长和发展，关注学生的情感需求和心理变化，及时给予学生关爱和支持；能够耐心倾听学生的意见，不打断、不指责、不敷衍，让学生感受到被尊重和被理解；能够积极主动地与学生沟通交流，分享经验和心得，帮助学生拓宽视野、提高能力。

（三）辅导员在处理学生事务过程中展现专业能力与人格魅力的方式

辅导员在处理学生事务时，展现其专业能力与人格魅力是至关重要的，这不仅有助于形成和谐的师生关系，还能有效提升辅导员的工作效率和学生满意度。以下是一些具体的方式：

1.展现专业能力

（1）深入了解学生需求

辅导员应通过问卷调查、座谈会等方式，定期收集学生的意见和建议，了解他们的学习、生活和心理需求。

辅导员应根据学生的不同需求，制订个性化的辅导计划，提供有针对性的帮助。

（2）掌握专业知识与技能

辅导员应不断学习心理学、教育学、职业规划等相关知识，提升自己的专业素养；同时，也要熟练掌握学生管理系统的操作方式，提高工作效率。

（3）有效沟通与协调

辅导员应当以一种开放和真诚的态度，积极与学生交流，并认真倾听他们的心声。辅导员也应在学生之间、学生与教师之间、学生与学校之间进行有效的协调，化解矛盾，解决问题。

（4）危机干预与应对

辅导员要及时发现学生在心理、学业等方面存在的问题，并制订相关的应急预案，确保在紧急情况下能够迅速、有效地采取行动。

2.展现人格魅力

（1）以身作则，树立榜样

辅导员应遵守学校的规章制度，以身作则，为学生树立良好的行为榜样；同时，也要在工作中展现出积极向上、勤奋努力的态度，激励学生追求卓越。

（2）关爱学生，建立信任

辅导员要关注学生的生活和情感需求，给予他们必要的关心和支持，通过真诚、耐心的交流，与学生建立信任关系。

（3）尊重差异，包容多样

辅导员要尊重学生的个性差异和多元文化背景，要鼓励学生表达自己的观点和想法，营造包容、开放的学习氛围。

（4）幽默风趣，活跃气氛

辅导员要在适当的场合运用幽默和风趣的语言，缓解紧张气氛，增进师生之间的亲近感；同时，要通过有趣的互动，激发学生的学习兴趣，提高他们的参与度。

（5）持续学习，自我提升

辅导员应不断学习新知识、新技能，与时俱进。辅导员可通过参加培训、研讨会等方式，不断提升自己的综合素质和人格魅力。

三、辅导员应在组织学校活动时展示领导力与组织能力

在高等教育体系中，辅导员不仅是学生思想政治教育的实施者，也是学校各项活动的重要组织者。在组织学校各类活动时，辅导员的领导力与组织能力显得尤为重要。领导力与组织能力不仅能够帮助辅导员高效地推进活动进程，更能促进师生之间的沟通与协作，打造积极向上的校园文化。

（一）领导力与组织能力在学校活动中的重要性

辅导员的领导力能够激发学生的参与热情，增强团队的凝聚力，使活动更加有趣且富有成效。辅导员的组织能力则能确保活动的每一个环节都得到有效控制，从而增强活动的整体效果。

通过组织学校活动，辅导员能够与学生建立更加紧密的联系，了解学生的需求和想法，及时给予指导和帮助。同时，辅导员还能与其他教师、管理人员等建立良好的合作关系，共同推动学校各项工作的顺利开展。这种跨部门的沟通与协作有助于形成更加和谐、积极的校园文化氛围。在组织学校活动的过程中，辅导员的领导力与组织能力将得到充分展现。这不仅有助于提

升辅导员在学生中的威望和影响力，还能为辅导员个人的职业发展奠定坚实的基础。一个具备优秀领导力与组织能力的辅导员更容易获得学校的认可，从而在职业生涯中取得更大的成就。

（二）辅导员在组织学校活动中展示领导力与组织能力的具体方式

在组织学校活动之前，辅导员应首先明确活动的目标和定位，包括明确活动的主题、目的、参与对象、预期效果等。通过清晰的目标定位，辅导员可以更有针对性地制定活动方案，确保能够顺利实现既定的目标。科学合理的活动方案是活动能够成功举行的基础。辅导员在组织各类活动时，应当深入理解活动的目标与定位，以此为依据，精心策划并制定出既符合实际又富有创意的活动方案。这要求辅导员不仅要充分调研活动对象的需求与兴趣，还要综合考虑活动资源、时间安排以及可能遇到的挑战与风险。辅导员应科学规划活动流程、合理安排参与人员、精心设计活动内容，确保活动方案既具有可操作性，又能有效激发参与者的热情与积极性，从而为活动的成功举行奠定坚实的基础。

学生的积极参与是活动能够成功开展的关键。辅导员应通过各种方式激发学生的参与热情，如开展宣传活动、组织动员大会、设立奖励机制等。同时，辅导员还应关注学生的需求和反馈，及时调整活动方案。

在组织和开展活动的过程中，辅导员需要协调各方面的资源。通过有效的协调与沟通，辅导员可以确保活动所需的各项资源有充分的保障。

在活动进行过程中，辅导员应密切关注活动的进展情况，及时发现并解决问题。对于可能出现的问题，辅导员应提前采取应对措施并灵活调整策略，以确保活动的顺利进行。同时，辅导员还应关注参与者的反馈和意见，及时总结经验教训，为今后活动的开展提供参考。

（三）提升辅导员领导力与组织能力的策略

辅导员可通过阅读相关书籍、参加培训课程、观摩优秀案例等方式提升自己的理论素养和实践能力；同时，还应积极参与学校的各类活动，通过实践锻炼不断提升自己的领导力与组织能力。

良好的人际关系是提升领导力与组织能力的关键。辅导员应积极与师生、管理人员等建立联系，加强沟通与合作。通过建立良好的人际关系，辅导员可以更加顺利地协调各方资源，保证活动的顺利开展。

在快速变化的社会环境中，辅导员需要具备创新思维和应变能力，以应对各种复杂情况。辅导员应关注社会热点和趋势，积极探索新的活动形式，以激发学生的参与热情和创造力。每次活动结束后，辅导员都应进行深入的反思与总结，分析活动的成功之处和不足之处，总结经验教训。不断地进行反思与总结，有助于提高辅导员的领导力与组织能力，从而提高活动质量。

第七章 提升辅导员核心职业能力
——构建全方位支持与发展体系

第一节 建立培训体系
与提供资源支持

一、建立完善的辅导员培训体系

在高等教育日益重视学生全面发展与心理健康的背景下，辅导员作为学生工作的中坚力量，其专业素养与综合能力直接影响着学生工作的质量和成效。因此，建立完善的辅导员培训体系，不仅是对辅导员个人职业发展的必要支持，更是提高高等教育质量、促进学生全面发展的重要保障。

（一）建立辅导员培训体系的必要性

随着时代的发展，学生群体的思想观念、价值取向、行为方式等都发生了深刻的变化。这些变化对辅导员的专业素养提出了更高要求。完善的培训体系能够帮助辅导员及时掌握学生动态，有效应对学生需求，提升工作的针对性和实效性。

辅导员工作涉及思想教育、学业指导、心理辅导、职业规划等多个方面，要求辅导员具备多方面的知识和技能。系统的培训可以促进辅导员的专业化成长，提高其工作能力和职业素养。

辅导员队伍是高校学生工作的重要力量。建立完善的培训体系，有助于提高辅导员队伍的整体素质，增强辅导员队伍的凝聚力，为高校学生工作的顺利开展提供有力保障。

（二）建立辅导员培训体系的原则

第一，培训体系应强调针对性与实用性，紧密结合辅导员的工作实际，提供贴近岗位需求的课程内容，确保每位辅导员都能获得与其职责相匹配的知识与技能。

第二，培训体系应具备系统性，从入职培训到在职提升，形成层次清晰、内容连贯的培训路径，帮助辅导员在不同职业阶段都能获得相应的成长支持。同时，培训方式应灵活多样，融合线上与线下资源，采用案例教学、角色扮演、小组讨论等多种形式，以增强学习的互动性和有效性。

第三，培训体系应重视实践与反馈，鼓励辅导员将所学的理论知识应用于实际工作中。相关培训人员应进行定期的评估与反思，不断优化培训内容与方式，确保培训体系能够持续满足辅导员职业发展的需求。

（三）辅导员培训体系的核心内容

加强辅导员的思想政治教育理论学习和心理辅导技能培训，包括社会主义核心价值观教育、心理健康教育、危机干预与辅导等内容，以增强其对学生思想的动态把握能力，提高其处理学生心理问题的能力。

加强辅导员在学习方法指导、学业规划制定、就业指导与职业规划指导等方面的技能培训，以提高辅导员的学业指导能力和职业规划指导能力，帮助学生树立正确的学习观和职业观。让辅导员从班级日常管理、学生活动组织、团队协作与沟通等方面加强学习，以提升辅导员的班级管理和团队建设能力，营造良好的班级氛围和团队精神。加强对辅导员的职业道德教育，增强其法律意识，确保其在工作中遵守法律法规和职业道德规范。

（四）建立辅导员培训体系的实施策略

相关人员可以从以下方面入手：

采用线上线下相结合、理论与实践相结合、集中培训与分散自学相结合的方式开展培训。利用网络平台、教学视频、模拟演练等多种手段增强培训效果。

组建一支由专家学者、优秀辅导员组成的师资队伍，为培训活动提供高质量的教学资源；鼓励辅导员之间互相学习、交流经验，形成良好的学习氛围；对参加培训并取得优异成绩的辅导员给予奖励；将培训成果与辅导员的职务晋升、职称评定等挂钩，激发辅导员参与培训的积极性；建立辅导员培训跟踪指导机制，对参加培训的辅导员进行跟踪指导和服务；通过定期回访、个别辅导等方式，了解辅导员的学习情况和工作进展，及时为辅导员提供帮助。

（五）辅导员培训效果的评估与反馈

相关人员可以建立科学的评估体系，对培训效果进行全面评估。例如，可以通过问卷调查、考试测试、实践考核等方式收集数据和信息，对培训的质量、效果和影响进行客观评价。

相关人员可以根据评估结果和反馈意见及时总结经验教训，针对存在的问题和不足制定改进方案，确保培训体系的持续优化和升级。

二、提供丰富的辅导员培训资源支持

在高等教育领域，辅导员作为学生工作的重要力量，其专业素养、综合能力以及教育理念，直接关系到学生工作的成效以及高等教育的质量。提供丰富的辅导员培训资源支持，为辅导员搭建一个全方位、多层次的成长平台，对于促进辅导员的专业化、职业化发展具有重要意义。

（一）培训资源的多元化

随着互联网技术的飞速发展，线上学习已成为辅导员获取知识、提升技能的重要途径。高校要为辅导员提供丰富的线上学习资源，如在线课程、教学视频、电子书籍等，打破时间和空间的限制，让辅导员随时随地进行学习。线上学习资源应涵盖思想政治教育、心理辅导、职业规划、班级管理、法律法规等多个方面的内容，以满足辅导员多样化的学习需求。

线下培训活动具有互动性强、体验感好的特点，能够更直观地展示教学内容，促进辅导员之间的交流。高校应定期举办辅导员培训班、研讨会、工作坊等线下活动，邀请专家学者、资深辅导员进行授课和分享，为辅导员提供面对面学习的机会。同时，辅导员还可以通过实地考察、案例分析等方式，提高自身的实践能力和问题解决能力。

国际视野的拓宽对于提升辅导员的专业素养具有重要意义。高校应积极为辅导员提供参加国内外学术会议、访问交流、研修班等机会，让他们了解最新的教育理念、管理方法和实践经验。通过与国际同行的交流与合作，辅导员可以拓宽视野、增长见识、提升能力。

（二）支持体系的完善

为了保证辅导员培训工作的顺利开展，高校应设立专门的辅导员培训基金，用于支持辅导员参加各类培训活动、购买学习资料、开展科研项目等。相关人员应确保每一笔资金都能真正发挥作用。

导师帮带制是一种有益探索，对于促进辅导员的成长具有重要意义。高校可以邀请资深辅导员或专家学者担任新入职辅导员的导师，通过一对一或小组指导的方式，帮助新辅导员快速适应工作环境、掌握工作方法、提升工作能力。同时，导师还可以为辅导员提供职业规划建议、心理疏导等支持。辅导员的工作往往需要团队合作才能完成。高校应强化辅导员团队的协作意识，通过组织团队建设活动、工作交流会等方式，加强辅导员之间的沟通与协作。在团队中，每位辅导员都可以发挥自己的优势，共同解决问题，实现资源共享、优势互补。

（三）提供学习条件

学习型组织是一种能够持续学习、不断创新的组织形式。高校应努力将辅导员队伍打造成为学习型组织，引导辅导员树立终身学习的理念，不断更新知识结构、提高职业能力。高校可通过定期举办学习分享会、读书会等活动，营造浓厚的学习氛围，激发辅导员的学习热情。

高校应为辅导员提供便利的学习条件，如设立专门的辅导员学习室、配备必要的学习设施、提供充足的学习时间等；同时，还应关注辅导员的身心健康，合理安排工作任务和休息时间，确保辅导员有足够的精力投入到学习中去。创新实践是提高辅导员能力的有效途径。高校应鼓励辅导员在工作中勇于尝试新方法、新思路，不断总结经验教训，形成具有自身特色的工作模式和方法；通过举办创新实践大赛、评选优秀案例等方式，激励辅导员积极创新、追求卓越。

第二节 建立激励机制
与明确职业发展通道

一、建立合理的辅导员激励机制

建立一套科学合理的辅导员激励机制，对于激发辅导员的工作热情，提升其专业素养，促进其个人成长与职业发展具有重要意义。

（一）激励机制的必要性

合理的激励机制能够激发辅导员的内在动力，使其更加主动地投入到工作中，提升工作效率与工作质量。同时，高校通过表彰优秀、肯定贡献，能够增强辅导员的职业认同感，消除辅导员的职业倦怠感。

激励机制往往与培训、晋升、科研等发展机会紧密相连，能为辅导员提供广阔的职业发展空间。通过参与专业培训、学术交流等活动，辅导员能够不断更新知识结构、提升专业技能，为未来的职业发展奠定坚实基础。激励机制中的团队奖励、合作项目等设计，能够增强辅导员之间的沟通与协作。在共同目标的驱动下，辅导员能够相互支持、共同进步，为高校的整体发展贡献力量。

（二）激励机制的建立原则

激励机制应建立在公平公正的基础上，确保每位辅导员都有平等的机会参与竞争、获得奖励。在评价标准、程序设置等方面，高校应做到公开、公平、公正，避免人为干扰。各辅导员在工作能力、经验积累、个人兴趣等方面存在着个体差异。因此，高校应充分考虑这些个体差异，实行差异化激励策略，以满足不同辅导员的个性化需求。

激励机制应着眼于辅导员的长期发展，注重培养辅导员的综合素质和创新能力。高校应通过提供持续的学习机会、提供多种职业发展路径等方式，帮助辅导员实现个人价值。

（三）激励机制的具体内容

1.薪酬与福利激励

薪酬体系优化：高校应建立与辅导员工作绩效挂钩的薪酬体系，通过绩效考核结果确定薪酬水平。

福利待遇提升：高校应提供具有竞争力的福利待遇，如住房补贴、交通补贴、健康保险等，让辅导员无后顾之忧，使其能够全身心投入到工作中。

2.职业发展激励

职业路径规划：高校应为辅导员设计清晰的职业发展路径，明确晋升条件与标准，应通过设立不同层级的辅导员岗位，为辅导员提供广阔的职业发展空间。

培训与学习机会：高校应鼓励并支持辅导员参加专业培训、学术交流等活动，提供必要的学习资源和经费支持；同时，应建立学习成果分享机制，促进辅导员之间的知识与经验交流。

3.荣誉与认可激励

为了激发辅导员的学习动力和工作热情，高校应设立相应的奖励制度。对于在培训中表现突出、在工作中取得优异成绩的辅导员，高校应给予奖励。奖励可以包括物质奖励、精神奖励等，或者给予更多的晋升机会，以满足辅导员不同层面的需求。

高校应建立优秀辅导员评选制度，对在学生思想教育、心理辅导、职业规划指导等方面做出突出贡献的辅导员给予奖励。例如，高校可通过颁发荣誉证书、发放奖金等方式，增强辅导员的职业荣誉感和归属感。

高校应利用校内外媒体资源，广泛宣传优秀辅导员的先进事迹和工作经验，提高辅导员的社会影响力和职业地位。

4.情感与关怀激励

人文关怀：高校要关注辅导员的心理健康和职业发展需求，定期开展心理健康讲座、职业规划咨询等活动；同时，应建立辅导员心理支持系统，为辅导员提供及时的心理疏导和帮助。

团队建设：高校应加强辅导员团队建设，通过组织团建活动、分享会等方式，加强辅导员之间的沟通与协作；营造和谐、包容的工作氛围，让辅导员感受到团队的温暖和支持。

评价体系是激励机制的重要组成部分。高校应建立科学、公正、全面的辅导员评价体系，从多个维度对辅导员的工作表现进行评价。评价结果应作为辅导员职务晋升、职称评定、评优评先等的重要依据。完善的评价体系可以激发辅导员的积极性和创造力，推动辅导员队伍的整体发展。另外，高校应努力营造尊重知识、尊重人才、鼓励创新的良好氛围，让辅导员感受到自己的重要性。高校可以通过举办表彰大会、经验交流会等活动，宣传优秀辅导员的先进事迹和工作经验，激发辅导员的学习热情和工作动力。

（四）激励机制的实施保障

高校应成立由相关部门负责人组成的辅导员激励机制实施领导小组，负责激励机制的建立、落实与监督。同时，各级领导应高度重视辅导员工作，为激励机制的落实提供必要的支持和保障。

高校应加大对辅导员工作的投入力度，合理配置资源，确保激励机制的顺利落实；应在经费、场地、设备等方面给予充分保障，为辅导员提供良好的工作条件和学习环境；建立辅导员激励机制的监督与评估机制，定期对激励机制的落实情况进行检查与评估；通过收集辅导员的反馈意见和建议，及时发现问题并采取措施加以改进；根据评估结果对激励机制进行适时调整和优化，确保其始终符合辅导员队伍的实际需求和发展方向。

　　高校应积极营造尊师重教、鼓励创新的文化氛围，为辅导员的成长与发展提供良好的环境。高校可通过举办文化节、学术讲座等活动，弘扬正能量，激发辅导员的工作热情和创新精神。同时，高校应加强师德师风建设，引导辅导员树立正确的职业观和价值观。

二、为辅导员明确职业发展通道

　　在高等教育体系中，辅导员作为连接高校与学生之间的桥梁，承担着思想政治教育、学业指导、心理咨询、就业指导及日常管理等多重任务，其工作质量与工作成效直接关系着学生的健康成长与全面发展。因此，为辅导员明确职业发展通道，不仅是对辅导员个人价值的认可，也是提升高校育人水平、营造和谐校园文化氛围的关键举措。

（一）辅导员职业发展的现状分析

　　目前，部分辅导员对自身职业定位模糊，缺乏长期职业规划，容易陷入事务性工作的"泥潭"，影响职业满意度和成就感。

　　辅导员的工作范围广泛，然而，他们常常难以在某一特定领域进行深入的研究与探索，这导致他们缺乏专业成长的机会和平台，进而制约了其职业发展。辅导员在薪酬待遇、职称评定、职务晋升等方面与专业教师相比存在差距，这极大地影响了辅导员的工作积极性。另外，部分高校针对辅导员开展的专业培训不够系统、深入，难以满足辅导员多元化、个性化的职业发展需求。

（二）为辅导员明确职业发展通道的原则

高校应坚持以下原则，明确辅导员职业发展通道：

以人为本，注重个性化发展：尊重辅导员的个人兴趣和特长，鼓励其根据个人优势选择职业发展方向，实现个性化成长。

系统规划，明确职业路径：建立从初级到高级的完整职业发展体系，明确各阶段的目标、任务和评价标准，为辅导员提供清晰的职业晋升路径。

专业引领，强化实践能力：加强辅导员在思想政治教育、心理咨询、职业规划等领域的专业培训，提升其专业素养和实践能力。

激励相容，激发内在动力：完善薪酬福利、职称评定等激励机制，让辅导员在职业发展中获得成就感和荣誉感。

（三）为辅导员明确职业发展通道的具体路径

高校可以从以下几个方面入手，明确辅导员职业发展通道：

鼓励辅导员在思想政治教育、心理健康教育、职业规划与就业指导等领域精耕细作，成为该领域的专家或带头人；选拔优秀辅导员进入学校管理层，参与学生工作管理、校园文化建设等工作，将其培养成为学校的管理骨干；支持辅导员参与相关课程的教学和科研工作，通过开设选修课、发表学术论文等方式，增强其在学术领域的影响力；鼓励辅导员指导学生参与创新创业项目，同时探索创业机会，将理论与实践相结合，实现个人价值和社会价值的双重提升。

对新入职辅导员进行系统的岗前培训，包括校史校情、岗位职责、工作技能等培训，帮助其快速适应岗位需求；定期举办专题讲座、工作坊、研讨会等，邀请专家学者、优秀辅导员分享经验，提高辅导员的专业素养和业务能力；选拔优秀辅导员参加国内外高级研修班、学术会议等，培养其国际视野，提高其理论水平和研究能力。

结合辅导员工作特点，制定科学合理的考核标准和指标体系，全面评价辅导员的工作情况；针对职业发展路径不同的辅导员，制定差异化的考核标准和评价方法，确保考核结果的公平性和准确性；将考核结果与薪酬福利、职称评定、职务晋升等紧密挂钩，形成有效的激励机制；通过团队建设活动，增强辅导员之间的沟通与协作，营造团结协作、共同进步的良好氛围；弘扬正能量，树立先进典型，增强辅导员的职业荣誉感和归属感，营造积极向上的工作氛围。

（四）为辅导员明确职业发展通道的保障措施

高校应明确辅导员的职业定位、职责范围、发展路径等，为辅导员职业发展提供政策保障；加大在辅导员队伍建设上的资源投入，为辅导员职业发展提供坚实的物质基础。

此外，高校也应加强与社会各界的沟通与合作，提高辅导员的社会地位，增强其社会影响力，增强辅导员的职业认同感和自豪感；建立辅导员职业发展的跟踪与反馈机制，及时了解辅导员的职业发展需求，不断优化辅导员的职业发展通道。

第三节　营造积极的校园文化氛围

在高等教育的广阔天地里，辅导员作为学生思想政治教育的骨干力量，其职业能力的高低直接影响着高校的育人质量。而营造积极的校园文化氛围，不仅能够为辅导员提供更为广阔的成长舞台，还能通过文化熏陶，在潜移默化中提高辅导员的职业素养。

一、营造积极校园文化氛围的重要性

校园文化氛围，是指学校在长期办学过程中形成的，以师生为主体，以校园为空间，以文化活动为载体，以校园精神为核心的一种群体文化现象。它既包括物质层面的校园建筑、景观、设施等，也包括精神层面的办学理念、校训、校风、学风等，还包括制度层面的管理制度、行为规范等。校园文化氛围是学校独特的精神标识，是学校综合实力的重要体现，也是影响师生行为方式、思维方式和价值观念的关键因素。

（一）促进辅导员专业发展

积极的校园文化氛围能够为辅导员提供一个良好的工作和学习环境，激发他们的工作热情和创造力。在充满活力和创新精神的高校中，辅导员更容易接受新思想、新方法，不断提升自己的业务能力和综合素质。同时，高校的团队合作和竞争机制，也能够促进辅导员之间的相互学习和共同进步，推动辅导员队伍的整体发展。

（二）提升学生综合素质

校园文化氛围不仅影响着辅导员，也深刻地影响着学生的成长。在积极向上的校园文化氛围中，学生能够感受到来自高校的关爱和支持，从而增强自信心和归属感。丰富多彩的校园文化活动，能够为学生提供展示自我、锻炼能力的平台，促进他们全面发展。同时，高校传递的正能量和榜样力量，也能够激励学生积极向上、追求卓越。

（三）推动高校内涵式发展

积极的校园文化氛围是高校内涵式发展的重要支撑。在积极健康的校园文化氛围中，高校能够形成独特的办学特色和品牌优势，提升自身的知名度和美誉度。同时，积极的校园文化氛围还能够促进高校内部各要素之间的协调发展和良性互动，推动高校在人才培养、学术研究、社会服务等方面取得更加显著的成效。

二、营造积极校园文化氛围的具体策略

（一）加强校园物质文化建设

高校应注重校园环境的规划和建设，打造美丽、和谐、富有特色的校园环境。一方面，要加强校园基础设施建设，完善教学设施、生活设施和文化设施，为辅导员提供良好的学习和生活条件。另一方面，要注重校园景观和人文景观的建设，通过雕塑、壁画、碑刻等形式，展示自身的办学理念和历史传承，增强辅导员对学校的认同感和归属感。

（二）强化校园精神文化建设

高校应注重培育和弘扬校园精神，从而形成独特的校园精神和文化品格。一方面，要明确自身的办学理念和校训，通过宣传、教育等方式，让辅导员深刻理解和认同学校的办学理念和校训。另一方面，要注重校风、学风的建设，通过加强师生思想教育、完善管理制度等方式，打造良好的校风、学风。同时，还要注重校园文化的传承和创新，通过举办校园文化节、学术讲座等活动，丰富校园文化内涵，提升校园文化品位。

（三）完善校园制度文化建设

高校应该注重校园制度的建设和完善，从而形成科学、规范、高效的制度体系。一方面，要加强管理制度的建设，完善教学管理制度、学生管理制度、辅导员管理制度等，为师生提供规范、有序的工作和学习环境。另一方面，要注重校园文化的制度保障，通过制定校园文化活动管理办法、校园文化建设规划等制度，为校园文化活动的顺利开展提供有力保障。同时，还要完善辅导员参与校园文化建设的激励机制，通过设立校园文化奖励基金、开展校园文化评价等方式，激发辅导员参与校园文化建设的积极性和创造性。

（四）丰富校园文化活动形式

高校应该注重校园文化活动的丰富性和多样性，从而满足辅导员的不同需求。一方面，可积极开展学术讲座、学术沙龙等学术文化活动，提升辅导员的学术素养和科研能力。另一方面，可积极开展教师运动会、教师艺术节等活动，增强辅导员的身体素质和艺术修养。另外，还可开展社会实践活动、志愿服务活动，让辅导员在实践中增长才干、提高素养。

总之，营造积极的校园文化氛围是提升辅导员职业能力的重要策略之一。通过加强校园物质文化建设、强化校园精神文化建设、完善校园制度文化建设以及丰富校园文化活动形式等措施的实施，高校能够为辅导员提供一个良好的工作和学习环境，促进他们的专业发展和职业成长；同时，也能够提升学生的综合素质和高校的办学水平，为高校的长远发展奠定坚实的基础。在未来的发展中，高校应该继续加强校园文化建设，营造良好的文化氛围，不断丰富校园文化的内涵，为师生的成长成才做出更大的贡献。

第四节　倡导尊重与关爱学生的
校园风气

辅导员的职业能力不仅关乎个人职业发展，更直接影响着学生的未来发展。要实现有效提高辅导员职业能力的目标，须倡导尊重与关爱学生的校园风气。

一、尊重与关爱学生的重要性

（一）有助于构建和谐师生关系

尊重与关爱学生是构建和谐师生关系的基石。辅导员尊重学生能够让学生感受到被认可、被重视，从而增强他们的自信心和归属感；辅导员关爱学生则让学生感受到温暖与关怀，有助于消除师生之间的隔阂与误会。当辅导员能够以尊重与关爱学生为准则，真诚地对待每一位学生时，师生关系将更加融洽，从而为教育教学活动的顺利开展奠定坚实基础。

（二）促进学生全面发展

强调尊重与关爱学生的校园风气，能促进学生全面发展。在这种校园风气下，学生会更加自信地面对学习和生活中的挑战，这有助于发掘学生的潜力，培养学生的创新精神和实践能力。同时，强调关爱与尊重学生的校园风气也有助于培养学生的社会责任感和人文关怀精神，使他们成为既有知识技能，又有良好品德和社会责任感的优秀人才。

（三）是辅导员职业能力的基石

尊重与关爱学生是辅导员职业精神的集中体现。尊重学生，意味着辅导员在与学生相处时，应始终保持平等、公正的态度，注重学生的个性差异和多元发展；关爱学生，则要求辅导员投入真挚的感情，关注学生的成长需求，为学生提供必要的帮助和支持。

尊重与关爱学生相辅相成，共同构成了辅导员职业能力的基石。给予学生足够的尊重，有利于辅导员了解学生的内心世界，了解他们的困惑与需求；而关爱学生则让辅导员的言行更具感染力，能够更有效地激发学生的内在动力，帮助他们克服困难，实现自我成长。

在尊重与关爱学生的校园风气的熏陶下，辅导员会不断学习新知识、新技能，以适应学生成长的需求；同时，这种风气还能激发辅导员的职业热情，使他们更加专注于学生工作，不断提升自身的职业素养和综合能力。

二、形成尊重与关爱学生的校园风气的策略

（一）加强辅导员培训与教育

为了提升辅导员的职业能力，高校应加强对辅导员的培训与教育。培训内容应涵盖心理学、教育学、职业规划指导等多个方面，帮助辅导员掌握更多的专业知识和技能，以便更好地服务于学生。同时，还应注重辅导员的职业道德教育，引导他们树立正确的教育理念，遵循尊重与关爱学生的原则。

（二）加强辅导员与学生沟通

沟通是辅导员与学生建立良好关系的关键。为了形成尊重与关爱学生的校园风气，辅导员应主动加强与学生的沟通，了解他们的思想动态、学习情

况和心理需求。在沟通过程中，辅导员应始终保持耐心，尊重学生的个性差异，鼓励他们表达自己的观点。同时，辅导员还应关注学生的情感需求，及时给予关爱与支持，帮助他们解决学习和生活中的困难。

辅导员可通过多种渠道和方式加强与学生的沟通，如建立班级微信群、开展心理健康讲座、组织座谈会等。这些活动不仅能够增进师生之间的了解，还能为辅导员提供更加全面、准确的信息，有助于他们更好地开展工作。

（三）营造积极的校园文化氛围

由前文可知，营造积极的校园文化氛围对辅导员职业能力的提升具有重要影响。高校可组织各类文化活动，举办讲座、展览等，努力营造一种积极的校园文化氛围，从而形成尊重与关爱学生的校园风气。

此外，高校还应加强对辅导员的思想政治教育，引导他们树立正确的世界观、人生观和价值观，培养他们的社会责任感和人文精神。

（四）发挥辅导员的榜样作用

辅导员作为高校教师队伍中的重要一员，他们的言行举止对学生具有深远的影响。为了形成尊重与关爱学生的校园风气，辅导员应充分发挥自己的榜样作用，以身作则，用自己的实际行动来感染和影响学生。在日常生活中，辅导员应尊重每一位学生的个性和需求，关心他们的成长和发展，为他们提供必要的帮助和支持。同时，辅导员还应注意自己的形象，保持积极向上的心态，为学生树立一个良好的榜样。

（五）建立家校合作机制

为了形成尊重与关爱学生的校园风气，高校应加强与家长的沟通与联系，建立家校合作机制。辅导员可以通过定期召开家长会、家访、电话沟通等方式，了解学生在家庭中的表现和需求，为家长提供有关学生成长的专业建议。

在家校合作的过程中，辅导员应始终保持真诚的态度，积极与家长沟通，共同解决学生在成长过程中遇到的问题。通过家校合作，辅导员可以更加全面地了解学生的成长环境和需求，从而为学生提供更加个性化的指导和服务。

（六）注重辅导员的心理健康

辅导员的心理健康状况会直接影响他们职业能力的发展。在实际工作中，高校应关注辅导员的心理健康状况。例如，高校可通过举办心理健康讲座、提供心理咨询等方式来为辅导员提供必要的心理支持和帮助。同时，高校还应建立辅导员心理健康档案，定期评估辅导员的心理健康状态，及时发现和解决他们可能存在的心理问题。

此外，高校还应鼓励辅导员参加心理健康培训和学习活动，提高他们的心理健康素养和应对能力。具备良好心理健康素养的辅导员，能够更加积极地面对工作中的挑战和压力，从而为学生提供更加优质、高效的指导和服务。

综上所述，倡导尊重与关爱学生的校园风气对于促进学生的全面发展、构建和谐师生关系以及提升辅导员职业素养具有重要意义。为了实现这一目标，高校可从加强辅导员培训与教育、加强辅导员与学生沟通、营造尊重与关爱学生的校园文化氛围、发挥辅导员的榜样作用、建立家校合作机制、注重辅导员的心理健康等方面努力。通过上述措施，高校能够打造一个和谐、包容、积极向上的校园环境，为学生的健康成长提供保障。

在这个过程中，辅导员应始终保持高度的责任感和使命感，以尊重与关爱为核心，不断提升自己的职业能力，为学生的全面发展贡献自己的力量。同时，高校也应加大对辅导员的支持和保障力度，为他们提供更好的工作环境和发展机会，共同推动高等教育事业的繁荣发展。

第五节　激发辅导员自身的积极性

一、鼓励辅导员参加专业培训与学术交流活动

在高等教育日益注重学生全面发展的今天，辅导员作为学生工作的重要实施者，其专业素养及创新能力的持续提升，在促进学生成长、维护校园稳定、推动教育改革等方面有着不可替代的作用。因此，积极鼓励辅导员参加专业培训与学术交流活动，不仅是提升辅导员队伍整体素质的关键途径，也是促进高等教育内涵式发展的必然要求。

（一）专业培训与学术交流的重要性

随着时代的变迁和社会的发展，教育理念与知识体系也在不断更新。让辅导员参加专业培训，能让他们及时了解最新的教育理论、管理方法和实践案例，从而帮助他们更新教育理念，完善知识结构，更好地为学生提供指导服务。

专业培训往往针对辅导员在工作中遇到的具体问题和挑战，通过专家授课、案例分析、模拟演练等方式，帮助辅导员掌握实用的工作技巧和方法。这些技巧和方法，能够增强辅导员解决实际问题的能力，提高辅导员的工作效率和工作质量。学术交流活动为辅导员提供了一个广阔的交流平台，使他们能够与来自不同高校、不同领域的专家学者进行面对面的交流。这种跨学科的交流不仅有助于拓宽辅导员的学术视野，还能增强辅导员的创新意识，促进教育创新。

（二）为辅导员参加专业培训与学术交流活动提供政策支持

高校应将辅导员参加专业培训与学术交流活动纳入学校发展规划和年度工作计划之中，从制度层面为辅导员参加专业培训与学术交流活动提供有力支持；同时，建立健全相关管理制度，如培训经费管理、学分认定、成果奖励等制度，确保各项政策得到有效执行。

高校应设立专项经费，用于支持辅导员参加专业培训与学术交流活动。对于符合条件的辅导员，高校可给予一定的经费补贴或报销相关费用。此外，高校还应积极整合内外部资源，为辅导员提供更多的学习机会，如与国内外知名高校建立合作关系、邀请专家学者来校讲座等。高校也可以将辅导员参加专业培训与学术交流的情况纳入其年度考核和职称评定体系之中，作为评价其工作业绩和学术水平的重要指标之一。对于在培训中表现优异、取得显著成果的辅导员，可给予奖励，并在职务晋升、岗位调整等方面给予优先考虑。这种考核激励机制能够激发辅导员的参与热情和学习动力，促进其职业发展。

高校应积极营造鼓励学习、崇尚学术的良好氛围。通过举办学术讲座、研讨会、经验交流会等活动，高校可引导辅导员关注学术前沿、关注教育改革、关注学生发展。同时，辅导员之间要加强交流与合作，形成共同学习、共同进步的良好风尚。这种文化氛围有助于提升辅导员的学术素养和综合能力，推动辅导员队伍的整体发展。

（三）明确辅导员需求，增强培训效果

在鼓励辅导员参加专业培训之前，高校应充分了解辅导员的实际需求和工作状况。高校应通过问卷调查、访谈交流等方式收集信息，结合学校发展目标和辅导员个人职业规划，精准定位培训需求。这样既能确保培训内容的针对性和实用性，又能提高辅导员的参与度和满意度。

专业培训应注重形式的多样性和内容的创新性。除传统的课堂教学外，

相关专家、学者还可以采用案例教学、模拟演练、在线学习等多种形式相结合的方式对辅导员进行培训。同时，培训内容应紧跟时代步伐，坚持理论与实践相结合、传统与创新相结合。这样既能满足辅导员的学习需求，又能激发他们的学习兴趣和创造力。

学术交流是促进辅导员思想碰撞和学术创新的重要途径之一。高校应积极为辅导员搭建学术交流平台，鼓励他们参与国内外学术会议；同时加强与兄弟院校、科研机构的交流与合作，共同开展课题研究、联合培养研究生等工作。这样既能拓宽辅导员的学术视野，又能提高他们的学术水平和研究能力。

专业培训与学术交流的最终目的是促进辅导员的专业成长和职业发展，以及提高学生工作的质量和水平。因此，高校应注重培训成果的转化与应用工作。高校应通过举办成果展示会、经验交流会等活动对培训成果进行展示和推广；应制定相关制度，将培训成果转化为辅导员实际工作中的具体措施和方法；应建立反馈机制对培训效果进行持续评估，以确保培训成果得到有效应用。

二、鼓励辅导员参与高校管理与决策过程

在高等教育日益多元化和复杂化的今天，辅导员作为学生工作的重要力量，其职责范围已经远远超出了传统的思想政治教育和日常管理范畴。他们不仅是学生心灵的引路人，更是连接高校与学生之间的桥梁，是校园和谐稳定的重要维护者。因此，鼓励辅导员积极参与高校管理与决策过程，不仅是提升辅导员职业地位和专业素养的重要途径，也是推动高校治理体系现代化的必然要求。

（一）辅导员参与高校管理与决策的意义

辅导员有机会深入学生群体，了解学生的真实需求。让辅导员参与高校管理与决策能够确保高校的管理与决策更加贴近学生实际，反映学生意愿，从而增强决策的针对性和有效性。辅导员既是管理者也是服务者，他们的工作性质决定了他们能够更好地理解学生在高校管理与服务方面的期待。通过参与高校管理与决策，辅导员可以将这些信息及时反馈给高校管理层，促进管理与服务的深度融合，提高高校整体的服务水平。

辅导员的广泛参与能够丰富高校治理的主体结构，形成多元共治的局面。辅导员的专业知识和实践经验能够为高校管理与决策提供新的思路，不断完善高校治理体系。辅导员参与高校管理与决策，意味着他们的职业价值和专业能力得到了高校的认可和重视。这种认可和重视能够激发辅导员的工作热情和积极性，增强他们的职业认同感和归属感，从而使其更加积极地投身于学生工作。

（二）辅导员参与高校管理与决策现状分析

部分高校管理层对辅导员的角色定位存在偏差，认为辅导员只需要做好学生思想政治教育工作和学生日常管理即可，不需要过多参与学校层面的管理与决策。这种认知偏差不利于发挥辅导员在高校管理中的作用。目前，许多高校尚未建立起完善的辅导员参与高校管理与决策的机制。辅导员往往只能通过间接渠道反映学生的意见和建议，难以直接参与重大事项的决策过程。部分辅导员在专业知识、管理能力和沟通协调能力等方面存在不足，难以参与高校管理与决策的过程。这既影响了辅导员的参与效果，也不利于发挥他们在高校治理中的作用。

（三）辅导员参与高校管理与决策的策略

高校应明确辅导员在高校治理中的角色定位与职责范围，将辅导员作为高校管理与决策的重要参与主体之一。高校可制定相关制度，明确辅导员在参与高校管理与决策方面的权利、义务和责任。

高校应建立健全辅导员参与高校管理与决策的机制，包括信息收集与反馈机制、决策咨询与参与机制、监督与评估机制等。通过这些机制，高校可确保辅导员能够及时了解高校管理与决策的相关信息，参与重大事项的决策过程，并对决策执行情况进行监督与评估。

高校应加强对辅导员的培训，提高他们的管理能力和沟通协调能力。高校可通过举办专题培训班、邀请专家学者授课、组织经验交流会等方式，帮助辅导员开阔眼界、更新观念、提升能力，为辅导员参与高校管理与决策奠定坚实基础。

高校应建立健全辅导员参与高校管理与决策的激励机制，包括物质奖励、精神激励、提供职业发展机会等。高校可通过设立专项基金、颁发荣誉证书、提供晋升渠道等方式，激发辅导员参与高校管理与决策的热情，满足他们的职业发展需求。

高校应为辅导员提供参与高校管理与决策的平台和渠道，如成立辅导员代表大会、建立辅导员工作联席会议制度等。这些平台和渠道，能为辅导员提供表达意见、提出建议的机会，从而加强高校管理层与辅导员之间的沟通与合作。

（四）辅导员参与高校管理与决策的保障措施

高校应加强对辅导员参与高校管理与决策工作的组织领导，成立由高校主要领导任组长的专项工作组，并由专项工作组负责统筹协调、督促检查等工作；要明确各相关部门的职责分工，形成工作合力；应加大对辅导员参与高校管理与决策工作的宣传力度，通过校园网、校报、宣传栏等多种渠道广泛宣传辅导员的先进事迹，加深师生对辅导员工作的认识；要加大对辅导员的奖励力度，树立先进典型，发挥示范作用。

　　高校应完善对辅导员参与高校管理与决策工作的考核评价体系，将辅导员的参与情况、贡献大小等纳入考核评价体系。高校可通过科学合理的考核评价体系，激励辅导员积极参与高校管理与决策工作，并取得优异成绩。

　　高校应加大对辅导员参与高校管理与决策工作的监督与评估力度，建立健全监督与评估机制，通过定期检查、随机抽查、满意度调查等方式对辅导员的参与情况进行监督和评估，确保各项措施得到有效落实并取得实效。

三、加强辅导员沟通与协作能力的培养

　　在高等教育体系中，辅导员作为学生工作的重要力量，承担着思想引领、学业指导、生活关怀、心理疏导等多重职责。面对日益复杂多变的工作环境，加强辅导员沟通与协作能力的培养，不仅是提高辅导员工作效率的必然要求，也是促进学生全面发展、构建和谐校园的重要途径。

（一）辅导员沟通与协作能力的重要性

　　辅导员之间有效的沟通与协作有利于消除信息孤岛现象，实现资源共享与优势互补。通过共同商讨工作策略、分享成功案例与经验教训，辅导员可以更加精准地把握学生的需求，提供更加个性化的指导与服务，从而提高工作效率与工作质量。辅导员之间应建立良好的沟通机制与协作关系，增进彼此的信任与理解，形成共同的目标与价值观。这种强大的团队凝聚力能够使辅导员在面对复杂问题时迅速形成合力，有效应对各种挑战。

　　辅导员是学生成长道路上的重要引路人。辅导员与学生进行有效沟通，可以更加全面地了解学生的性格特点、兴趣爱好、学习状况及心理动态，从而提供更加全面、深入、细致的指导与帮助。这种全方位、多角度的关怀与引导，有助于促进学生的全面发展与健康成长。

　　此外，辅导员的沟通与协作能力还直接影响到校园文化的建设。一个善

于沟通与协作的辅导员，能够以身作则，传递正能量，带动周围的人共同营造积极向上的工作氛围，为构建和谐校园贡献自己的力量。

（二）辅导员在沟通与协作方面存在的问题

辅导员在沟通与协作方面存在的问题不容忽视，主要表现在以下方面：

部分辅导员可能缺乏沟通技巧。有效的沟通不仅仅是信息的传递，更是情感的共鸣。然而，一些辅导员可能过于注重形式上的交流，忽视了情感层面的沟通，导致其与学生、同事或领导之间难以建立真正的信任关系。

在协作过程中，部分辅导员可能缺乏团队精神。协作需要各方共同努力，相互支持，但部分辅导员可能过于强调个人成就，忽视了团队协作的重要性，导致工作效率低下，甚至与同事产生矛盾或冲突。

由于信息获取渠道有限或信息处理能力不足，部分辅导员可能无法及时、准确地掌握相关信息，导致在沟通与协作中出现误解或判断失误。

辅导员在沟通与协作方面还可能受到个人情绪的影响。面对复杂多变的工作环境，辅导员需要保持冷静与理性，但部分辅导员可能因个人情绪波动而影响沟通与协作的效果，甚至给学生、同事或领导带来困扰。

（三）辅导员沟通与协作能力培养策略

高校应建立多元化的沟通渠道与平台，如定期召开辅导员例会、设立辅导员工作论坛等。通过这些渠道与平台，辅导员可以随时随地交流工作经验、分享工作心得、探讨工作难题，实现信息的快速传递与共享。高校应通过组织团建活动、开展团队协作培训等方式，增强辅导员之间的协作意识。在活动中，辅导员可以深入了解彼此的性格特点、工作风格及优势领域，从而更加默契地配合工作。同时，高校还应鼓励辅导员与同事建立良好的人际关系，以便形成长期稳定的协作关系。

高校应对辅导员进行专业技能培训，提高其专业素养。例如，高校可组织专题讲座、研讨会、工作坊等活动，帮助辅导员掌握有效的沟通技巧和工作方法；可引入心理学、社会学等相关学科的知识与方法，提高辅导员的专业素养和综合能力。

高校应根据实际情况编制详细的辅导员沟通与协作能力培养计划。计划应明确培养目标、培训内容、培训方式及考核标准等。其中，培养目标应具有可操作性与可衡量性，以便对辅导员的沟通与协作能力进行量化评估。

高校应按照计划组织各项培训活动与实践项目，并加强对辅导员的跟踪反馈工作。在培训活动中，高校应邀请具有丰富经验的专家或优秀辅导员进行授课与指导；在实践项目中，高校应加强对项目进展情况的监督检查与评估反馈工作。同时，高校还应打通反馈渠道，建立完善的反馈机制，鼓励辅导员积极提出意见与建议，以便不断完善培训计划。

总之，辅导员沟通与协作能力的培养是一个长期且复杂的过程。高校应加强对辅导员沟通与协作能力的理论研究工作，深入探讨其内在规律；同时，高校还应积极开展实践探索，不断总结经验与教训，以形成具有自身特色的辅导员沟通与协作能力培养模式。

参 考 文 献

[1] 陈虹，赵鹏. 高校辅导员工作理论与实务知识[M]. 天津：天津社会科学院出版社，2021.

[2] 陈丽英，胡邦宁. 高校辅导员职业生活现状及其发展研究[M]. 北京：经济日报出版社，2023.

[3] 丁爱芹. 高校辅导员心理辅导与危机应对[M]. 北京：光明日报出版社，2021.

[4] 范启标，林琛. 高校辅导员网络作品创作能力提升[M]. 北京：中国原子能出版社，2021.

[5] 耿海洋. 高校辅导员专业化建设研究[M]. 长春：吉林出版集团股份有限公司，2022.

[6] 顾荣华，尹昊. 新时代高校辅导员角色认知及履职理念[M]. 哈尔滨：北方文艺出版社，2022.

[7] 何林建. 高校辅导员工作实战指南[M]. 上海：上海交通大学出版社，2020.

[8] 简敏. 守正与创新：高校辅导员"六点工作法"[M]. 长春：吉林大学出版社，2021.

[9] 李海波. 高校辅导员职业发展的动力机制研究[M]. 哈尔滨：哈尔滨出版社，2022.

[10] 李剑伟. 新时代高校辅导员专业成长20讲[M]. 北京：中国商务出版社，2021.

[11] 李俊鹏. 当代高校辅导员工作与专业化发展研究[M]. 北京：中国原子能出版社，2022.

[12] 李顺年. 高校辅导员核心素养提升策略研究[M]. 长春：吉林文史出版社，

2021.

[13] 李薇.高校辅导员与专业课教师协同育人研究[M].长春：吉林人民出版社，2021.

[14] 柳宏亚，雷炳锋.高校辅导员工作专业化发展多维度研究[M].长春：吉林大学出版社，2021.

[15] 楼艳.德育共同体视域下的高校辅导员职业发展研究[M].杭州：浙江大学出版社，2020.

[16] 潘奕羽.现代高校辅导员职业能力与素养培育研究[M].北京：经济日报出版社，2022.

[17] 渠东玲.高校辅导员队伍建设与工作发展研究[M].沈阳：辽宁大学出版社，2021.

[18] 孙艳梅.高校辅导员工作理论与实务[M].长春：吉林人民出版社，2020.

[19] 陶辉，何燕，阙小梅.民办高校辅导员职业能力建设及提升研究[M].青岛：中国海洋大学出版社，2022.

[20] 王焕红.高校辅导员的工作与专业化发展[M].北京：中国财富出版社，2019.

[21] 魏金明.新时期高校辅导员工作探索[M].北京：光明日报出版社，2020.

[22] 吴维均.新时代高校辅导员的专业发展研究[M].成都：四川大学出版社，2021.

[23] 夏吉莉.高校辅导员核心职业能力研究[M].昆明：云南大学出版社，2020.

[24] 向伟.新时代高校辅导员素质及提升策略研究[M].长沙：湖南师范大学出版社，2022.

[25] 肖述剑.高校辅导员职业认同研究[M].杭州：浙江大学出版社，2020.

[26] 杨化玲.民办高校辅导员职业现状浅析[M].天津：天津大学出版社，2019.

［27］ 姚威.地方高校辅导员工作理论与实践［M］.郑州：黄河水利出版社，2022.

［28］ 于满，孙硕.新时代高校辅导员学术科研之路［M］.北京：北京理工大学出版社，2021.

［29］ 张婉莉.职业韧性重塑：高校辅导员职业心理实证研究［M］.西安：陕西人民出版社，2022.

［30］ 赵巧玲.创新·长效：高校辅导员的发展研究［M］.北京：中国商业出版社，2022.

［31］ 赵艳芳.新时代高校辅导员思想政治教育理论与实践探析［M］.北京：光明日报出版社，2022.

［32］ 郑利群.高校辅导员队伍素质能力提升策略研究［M］.秦皇岛：燕山大学出版社，2022.